みんな違って、みんないい

Everyone is different, everyone is special.

Kakinomi Kindergarten

なぜ柿の実幼稚園に親がみんな入園させたがるのか

人を大切にする経営学会 常任理事
佐藤和夫 Sato Kazuo

あさ出版

はじめに

柿の実幼稚園は、園児が1000人という大きな幼稚園です。他の園では断わられる、障がいのある子どもたちを受け入れてきたため、これほどの大きな幼稚園になりました。20カ所、30カ所もの園に断わられ、ようやく柿の実幼稚園に受け入れてもらえたという園児がたくさんいます。

園長の小島澄人《こじますみと》さんに、

「もちろんいいですよ。明日からでもいいですよ」

と言われて、うれしさのあまり涙を流すお母さんもたくさんいます。

その結果、柿の実幼稚園には300人以上の、ハンディキャップをもった子どもたちが通園しています。

柿の実幼稚園がすばらしいと思うのは、健常な園児たちの、障がいのある子に対する思いやりです。

思いやりというより、さまざまなハンディのある子と一緒に遊ぶことはあたりまえで、そこに何の違和感ももっていないのです。真の意味での「多様性」を自然に受け入れる心が、そこに育っているようです。

こんな子どもたちが大人になれば、誰もがもっと生きやすい世の中になるでしょう。

園長の小島さんは、孟宗竹《もうそうちく》が密生した1万坪もの広大な山林を自分の手で切り開き、業者の手を借りずに、たったひとりで開墾に乗り出し、やがて職員や保護者の助けを得て、自然豊かな子どもたちの楽園を築き上げたのです。

この園をつくりあげました。

柿の実幼稚園で有名なのは、秋に行なわれる大運動会です。

障がいをもつ子も、もたない子も、全員参加で盛り上がる大運動会。

大声援、悲鳴、涙、感動——子どもも、担任も、保護者も、夢中になって応援する大きなイベントです。
どれもこれも、奇跡のようなエピソードです。

小島さんの信条は、
「みんな違って、みんないい」

本書では、そうした小島さんの考え方と柿の幼稚園の取り組み、胸が熱くなるような「本当の物語」を紹介していきます。

2020年8月

佐藤和夫

受け入れ先のない子を受け入れる
～泣きくずれるお母さんたち～

第1章

第2章 自然も人の心も温かなふるさと

~五島列島の豊かな海と山~

第3章 畑の真ん中にぽつんとつくった幼稚園 ～幼児教育の理想をめざす～

第4章

子どもも親もみんな喜ぶ幼稚園をつくりたい

～園庭1万坪の柿の実幼稚園づくり～

第5章

園児1000人との毎朝の握手に救われる
～「自然探検村」づくりの物語～

第6章
助け合う保護者たち
~ようやく笑えるようになりました~

壮太くん（仮名）だから、柿の実に来てほしい／無条件で息子を受け入れてくれた柿の実に感謝／子ども同士の交流で奇跡が！／いろいろな障がいがあることを知った

歩行器で参加したリレーで大声援／「て・くんで歩む会」に参加してサポートする側に／心のダイヤモンドをいまも胸に！

30件以上、入園を断わられ続けて……／1年で言葉をうんと話すようになった／「双子で歩いて卒園式を迎えよう」／「てくむのかい」で孤独から救われた

エピローグ

プロローグ

●星空の下の１００人の子どもたち

ずいぶん小さなころに、同じような夢を何度も見た記憶があります。

小さな子どもたちが満点の星空のもと、山の森のなかの広場で、手をつないで大きな輪になって、歌いながらゆっくりと回っています。

子どもたちの数はちょうど１００人。

１００人が手をつないでいるので、それはそれは大きな輪です。

周囲はうっそうとした森で、風がざわざわと木の葉をこすりあわせています。

輪の真ん中には小さな焚火。炎はちらちらと燃えているだけなので、子どもたちの顔は淡い影になり、でも、みんな笑いながら歌っています。

子どもたちの高いけれど静かな歌声が、星の散りばめられた遠い夜空に吸い込まれて消えていきます。

気がつけば自分もその輪のなかに入って、幸せな気持ちで歌を歌っています。

指先をつないだ左右の友だちは、どこか気の弱そうな顔の男の子と女の子で、幼い私と視線が重なるたびに、やさしい目をして微笑んでくれます。

その顔の半分は焚火の弱い明かりに照らされてゆらめき、半分は闇のなかに消えてしまっています。

それでも、とても幸せで穏やかな気持ちで、ずっとずっと歌いながらぐるぐる、ぐるぐると回っている。


けれどそのとき、突然、知るのです。

ああ、この子たちは、みんな死んでしまった子どもたちなんだ、と。

生きているうちはつらい目にあって、楽しいことなど何もなかったから、死んだ子同士、この場所に集まって、みんなで輪になって歌を歌っているんだ、と。

つらいことがあった子どもたちばかりだから、みんなやさしい。ひとり残らず温かくて、意地悪な子も、人をばかにする子もいない。

いろいろなことがうまくできないから、人とふつうに話せないから、いつもぽつんとひとりぼっちだからといって、変な目で見る子もいない。

一回死んだこの子たちとだったら、ぼくも友だちになれる。

そんなふうに思うと、心は悲しみでいっぱいになるけれど、そのくせうれしさでもいっぱいになるのです。

100人の子どもたちが笑いながら、でもどこか淋しそうに、歌を歌ってぐるぐると回っている。

そこで夢はおしまいで、目が覚めるのです。

目覚めるともう、子どもたちの顔は思い出せません。

あの夢を見なくなったのはいつごろからだっただろう。

小学校の低学年の――何年生くらいだったろう。

そんな、まだ自分が幼いころにくりかえして見た夢のことを思い出したのは、柿の実幼稚園の運動会の話を聞いたときでした。

柿の実幼稚園は園児が1000人という大きな幼稚園です。園長の小島澄人さんが、園児を増やそう、大きな幼稚園にしよう、と、規模の拡大をめざしてきたわけではありません。

親がいくら探しても、どこの幼稚園も引き受けてくれなかった障がいのある子や、医療行為が必要な子を入園させてあげてきた結果、これほどの巨大な幼稚園になったのです。

●いろんな子がいてあたりまえ

ハンディのある子を入園させると、それに対応していろいろと工夫し、幼児教育の質全体を上げていきます。

すると柿の実幼稚園が評判になって、さらに入園希望者が増えます。何十カ所もの幼稚園に断わられた障がいのある子の親が、遠くからやってきます。

その結果、柿の実幼稚園には、要支援の障がい児が200人、境界領域の子も含めると300人の、ハンディキャップをもった子が通園するようになったのです。

『日本でいちばん大切にしたい会社6』（坂本光司著・あさ出版）という本には、孟宗竹が密生した山林を自分の手で切り開き、この園をつくりあげた小島さんのことが書かれています。


この本で感動的だったのは、運動会のリレーにふれた箇所でした。

全員参加で盛り上がる運動会の最後を飾る、年長さんのクラス対抗リレー。

もちろん障がいのある子も走ります。走れない子は歩きます。歩くこともできない子は、車椅子を押してもらってリレーに参加します。

走れない子の順番がくると、そのチームは何周遅れにもなってしまいます。障がいのない子は、その遅れを取り戻そうと必死になって走ります。

子どもも、担任も、保護者も夢中になって応援する年長児最後の運動会は、やがてフィナーレを迎えます。


障がいのある人に接すると、多くの人が戸惑います。

目をそらす人もいるし、物珍しげに見つめる人もいます。

もちろん、「自分に何か手伝えることはないか」と考えて、手を差し伸べる人々もいます。

ただそうした人々の多くは、「障がいのある人を差別してはいけない」「自分は、人を差別するような人間になりたくない」という倫理観の強い人です。

でもどうやら、柿の実幼稚園の園児たちは、ごく自然に、ありのままに、障がいのある子たちと一緒に幼稚園での生活を過ごし、運動会を楽しんでいます。

障がいのある子もない子も、ふつうに、一緒に園で遊んでいるから、いろいろな友だちがいてあたりまえだと思っている。

だから、困っている子がいればふつうに助けるし、転んだ子がいれば、何も考えずに手を差し伸べて起こしてあげる。

そんな話を聞いたときによみがえってきたのが、幼いころに見た夢でした。

柿の実幼稚園のような世界であれば、つらい思いをした子どもたちが現実を逃れようなどと考えなくていい。

そんな友だちがたくさんいる場所なら、星空の下で手をつなぎあうような、うれしいけれど悲しい夢を見るような子はいなくなる。

柿の実幼稚園とはどんな幼稚園なのだろう。ぜひ一度、運動会を見てみたい。

そんな気持ちで、園長の小島澄人さんを訪ねたのでした。

第1章

受け入れ先のない子を受け入れる

～泣きくずれるお母さんたち～

アスレチック場そのものの幼稚園

柿の実幼稚園は、神奈川県の私鉄沿線の柿生駅からバスで5～6分の住宅街にありました。住宅街といっても、緑の豊かなのどかな土地柄です、遠方には、小高い山が連なっています。

柿の実幼稚園は、地元の柿生では、知らない人がいないほど有名な幼稚園です。人気が高く、小さな子どものいる家庭では、わざわざ柿の実幼稚園の「園バスルートへ引っ越す」のは、あたりまえのことになっています。

地元の不動産屋でも、小さな子どものいるファミリーに物件を勧めるとき、「柿の実幼稚園の〝園バス〟ルートに入っているかどうか」は、重要なポイントだそうです。

柿生駅からの市営バスを降りて3分ほど歩くと、柿の実幼稚園の正門があります。正門には、まるでテーマパークのように、1個1個の柿の実がもぎとれそうなオブジェがあって、子どもたちのワクワク感を高めます。正門前に広がる駐車場には、十数台の幼稚園バスがぎっしり駐まっていました。

園の玄関に行く道も、玄関の周囲も、大きなオブジェや彫刻だらけです。左側には池があり、池の周囲にもたくさんのオブジェがありました。奥には水車も見えます。池には大きな鯉が何匹も泳いでいます。

池の向こう側は山になっていて、急勾配の登り道がありました。この山にはいろいろな遊具や設備があり、山全体がいわば園庭になっているのです。

小島さんに、山を案内してもらいました。

上り坂は丸太の階段になっており、あちこちに木づくりの遊具があって、アスレチック場そのものです。「もりのステージ」や「なかよし砦」、いろいろな設備があるなかで目を引いたのが、山の上から中腹まで、一気に滑って降りてくることができる「ローラー滑り台」でした。

階段も遊具も、ほとんどが山の樹を伐採した木材で、小島さんたちが自力でつくったものだそうです。

柿やブルーベリー、桜などの樹木のあいだをかなり登ったところに、やはり子どもたちが遊んだり、保護者たちがサークル活動したりする室内アスレチック場がありました。２階建てで、テラスからは山腹全体が見渡せます。

下を見ると、広い畑になっています。畑の右側に納屋があり、そこにはたくさんの農機具が置いてありました。

柿の実幼稚園では、柿をはじめ、ブルーベリーやサクランボなどのさまざまな果実を、子どもたちが自分の小さな手で収穫して、みんなで食べます。

田んぼは、幼稚園から園バスで少し行ったところにありますが、初夏には田植え、秋には稲刈りです。収穫したお米をかまどで炊いて、おにぎりにします。自然のなかで探検したり、冒険したり。園児たちは毎日がワクワクの連続でしょう。

園舎で小島さんの話を聞いていると、園児たちが走り回っているのが見えます。子どもたちの歓声が大きくて、小島さんの静かな声がよく聞き取れません。

青い空のもと、緑がいっぱい、自然がいっぱいの園庭で、元気もいっぱいの子どもたちが楽しそうに笑っています。車椅子だったり、全盲の子も一緒に遊んでいます。

入園のために大阪から引っ越してきた家族

柿の実幼稚園には、遠方から家族ごと引っ越してきて、子どもを入園させる親がいます。

もっともそれは、柿の実が自然豊かな環境で幼児教育をしているから、幼稚園の方針に賛同したから、という理由だけではありません。

それは柿の実幼稚園が、どんな障がいのある子どもでも受け入れるからです。その結果どんどん園児が増えて、１０００人を超えるまでになったのです。

以前、こんなことがありました。

ひとりのお母さんが、わざわざ大阪から、小島さんを訪ねてきました。

やつれ、疲れ切った表情で、どこか思いつめている様子です。

お母さんは小島さんの顔を見るとすぐに、にこりともせずに話しはじめました。

「園長先生、うちの子には重度の障がいがあります。この子を幼稚園に入れてあげたくて、地元の大阪はもちろんのこと、あちこち歩きまわって入園をお願いしてきました。でも入園を承諾してくれるところは、どこも、ひとつもありませんでした。どうか、うちの子を柿の実に入れてもらえないでしょうか」

聞くと、これまで30以上の幼稚園に、入園を断わられつづけてきたとのことです。

重度の障がい児を、母親ひとりで看護するのは大変です。だから父親も子どもの看護を手伝い、ようやく幼稚園に通える年齢にまでなりました。

そこで、「この子を何とか、他の子どもたちと一緒に遊ばせてあげたい」と、あちこちの幼稚園に頼んでみたものの、どの園も、「うちでは無理です」との返事だったのです。

3回、4回の拒絶であれば、まだ人の心はもちこたえることができます。しかし20回、25回と門戸を閉ざされると、心は折れて、絶望感が生まれます。

そのご夫婦も、もはや引きこもりのようになってしまっていたそうです。

「どうせこの園も、ダメに決まっている……」そんな、半ばあきらめの気持ちを抱きながら懇願するお母さんに、小島さんはあっさりと、にこにこして答えました。

「いいですよ。明日から登園しますか?」

お母さんは、一瞬、信じられないような表情を浮かべました。

戸惑ったように少し黙って、やがてぽろぽろと涙を流しました。涙はあふれて、なかなか止まりませんでした。

その家族は、大阪から幼稚園の近くに引っ越してきました。お父さんは東京に転職、子どもは元気に園に通うようになり、家庭にも明るさが戻ってきたのです。

ある一本の電話から

こんなふうに柿の実幼稚園が障がいのある子を受け入れはじめたのは、そのころ副園長だった小島さんにかかってきた、1本の電話がきっかけでした。

「うちの子はサリドマイドで両腕が不自由なのですが、柿の実幼稚園に入園することはむずかしいでしょうか。一度お会いして相談させていただきたいのですが……」

受話器から、お母さんの、心苦しそうな声が聞こえてきました。

サリドマイドは、1950年代末から60年代初めにかけて世界40カ国以上で売られた、不眠症、手術前の鎮静、妊婦のつわり治療などにまで広く使われた薬です。しかしこの薬の副作用で、世界中の赤ちゃんが被害を受けました。命を奪われたり、手脚などに障がいをもって生まれたりしたのです。

それまで、柿の実幼稚園には健常児の、元気な子どもたちだけが通ってきていました。当時は、障がいをもっている子を受け入れる教育機関はほとんどなかったのです。障がい児の両親は、わが子が〝幼稚園に行ける〟とは考えもしない、そんな時代だったのです。

車椅子であったり、自閉症であったりする子どもは、幼稚園や保育園には行きません。小学校も、まず、養護学校などの特殊な学校へ行けるかどうかを検討します。障がい児教育は、現在とは比べものにならないほど教育機関も少なく、親は世間から子どもを隠して、ひっそり育てるような環境でした。

電話を受けた小島さんは、サリドマイド被害の子とお母さんに会いました。そして、対応できるかな？　と一瞬迷ったものの、すぐに「この子を入園させてあげよう。これを機会に、障がい児教育に本腰を入れて取り組もう」と考えたのです。

「はい。大丈夫ですよ。いつからでも大丈夫ですよ」

お母さんは小島さんを見つめて、それからうつむいてぽろぽろと涙を流しました。


翌日から、肩から手のある子が幼稚園に来るようになりました。

小島さんは、こんなふうに振り返ります。

「その子の上の子は、健常児で他の幼稚園に通っていたんです。だけど障がいのあるその子は、その幼稚園に入園できなかったんです。

兄弟をバラバラにされて、断わられてかわいそうに、と思いました。であれば、そういう子たちを私が受け入れるべきなんだ、それが、これから取り組むべき大切なことだと考えたんです。

〝みんな違って、みんないい〟ということにした。それからは、車椅子の子、ダウン症の子など、あらゆるハンディキャップをかかえる子どもたちが、次々と来るようになりました」

初めて車椅子の子が入園するときには、すぐに園内をバリアフリー化したそうです。

大阪から来た家族やサリドマイドの子が、特殊なわけではありません。障がいのある子は、さまざまな幼稚園を訪ねても、20回、30回と入園を断わられつづけて、やっとの思いで柿の実幼稚園にやってきます。そしてようやく入園が決まると、お母さんたちはみんな泣きくずれてしまいます。

それまでが、それだけ大変だったのです。

はじめの一歩

サリドマイド被害の園児の受け入れから、柿の実幼稚園の障がい児教育は始まりました。

いまでは300名ほどのサポートの必要な子どもたちが通う柿の実幼稚園ですが、初めてその子を引き受けたときには、やはり〝勇気が必要だった〟と小島さんは振り返ります。

重度の障がいをもつ子の場合は、職員がひとり、常に付きそうことになります。障がいのある子が増えれば増えるほど職員の人数が必要になるし、設備も整えていかなければなりません。

その費用を、どうすればいいのか。

そこで小島さんは「勇気をもたなければダメだ」と考えました。

まず、受け入れる。とにかく受け入れてしまう。

ふつうの幼稚園や保育園だとバリアフリーになっていないので、車椅子の子の入園希望があっても、「バリアフリーにしていないから無理です」となってしまいます。

でも小島さんは、

「受け入れれば、バリアフリーにするしかなくなる。受け入れてから、できるだけ施設を整える。受け入れることによって、必要な先生たちを採用して、配備できるようにすればいい。鶏が先か、卵が先か、みたいな話ではないか」

と考えたのです。


施設をちゃんと整えるためには、行政の支援も必要です。そこで小島さんは、サリドマイドの子が入園してからというもの、障がいのある子が安全に幼稚園を楽しめるように、職員たちと何度も話し合い、ひとりひとりの記録をとりました。そしてその記録をまとめて冊子をつくり、行政や国会議員たちに説明をしていきました。

行政の担当者や議員に実際の保育の現場の記録を見せているうちに、ひとりあたりいくらという補助や、先生たちの人件費の補助、研究費補助などのかたちで、少しずつ経済的な支援を受けられるようになってきたのです。

もちろん、補助金だけではとてもやっていけません。

「どこの幼稚園でも、障がい児の受け入れをしたい気持ちはみんなあるんですよ。でも、お断わりせざるをえない。うちはたまたま園児がたくさんいるし、自前の土地、自前の建物でやっているから、多少は余裕があります。それなら自分のところだけでも、やれるだけやっていこうと。他の園も、断わるのは心がつらいと思います」

と小島さん。

ひとりの障がいのある子にひとりの先生をつけられない幼稚園では、「お母さんが毎日幼稚園に来て、そばにいてくれれば」などと、結局は無理なことを保護者に言って、あきらめざるをえないようにもっていくしかありません。

そのため障がいをもつ子の保護者は、片っ端から幼稚園に当たっていくことになりますが、まず会ってもらえません。

仮に会ってくれるところがあっても、むずかしい条件をつけられるのがふつうでした。最近は、次第に幼稚園全体に〝障がいのあるお子さんも原則受け入れましょう〟という流れが出てきました。しかし幼稚園側に余裕のないことには変わりがないので、ある園では3人まで、などと人数制限をせざるをえないことになり、やはり障がいをもつ子は行き場がなくなってしまうのです。

こんな厳しい状況のなか、柿の実幼稚園の300名を超える障がい児の受け入れは、幼児教育業界では、ひとつの奇跡と受け止められています。

「入れない子」を受け入れたい

とはいえ、柿の実幼稚園でも、障がいのある子を受け入れないことはあります。では、受け入れるか、受け入れないかは、どこで決めるのでしょうか。

小島さんには、はっきりとした基準があります。その基準とは、「柿の実幼稚園を本当に必要としているか・いないか」ということです。

障がいがあっても、軽度のものであれば受け入れてくれる幼稚園は見つかります。

そういう子は他の園に入れるのだから、必ずしも柿の実でなくていい。柿の実は、どこの園にも入れない重度の障がいをもった子を優先して受け入れる。

これが、柿の実幼稚園の基準です。

幼児期は、同年代との関わりが大切です。しかしどこの保育園にも幼稚園にも入れない子は、同年代の子との関わりをもつことができません。

だから大事なのは、幼稚園に入れない子を、幼稚園に入れる、ことなのです。

重い呼吸器の装置がなければ生きていけない子

柿の実幼稚園では、その後、看護師さんを入れて、医療行為にも対応するようになりました。

医療行為が必要な子の最初の受け入れは、いまから20年ほど前のことです。

あるとき、幼稚園団体の会長から電話がありました。

「どこの幼稚園にも入れない子どもがいるんです。柿の実さん、どうでしょうか」

市も、教育委員会も、保育園も、幼稚園も、どこも対応してくれないのだ、と言います。

「わかりました。会いますよ」

隣の市からお父さんが連れてきたその年長の男の子は、常に呼吸器をつけていなければならず、大きな酸素ボンベを手放せない状態でした。

呼吸器がなければ、生きていけないのです。

いまでこそ小型化が進みましたが、当時の呼吸器は、大きなリュック式の酸素ボンベに5メートルのホースがついている大がかりな装置です。その装置をいつもその子のそばに置かなければならなかったのですが、酸素ボンベの重さは20キロもあって、持ち運ぶのも大変です。

お父さんと子どもに会った小島さんは、このときも即座に「大丈夫ですよ。入園してください」と答えました。

そう答えてから、小島さんは考えます。

さて、どう対応しようか。

誰かが、いつも重いボンベを背負って、その子のそばにいなければならない。

それを誰に任せようか。

小島さんは、自分の息子の哲史さんに頼みます。結局、哲史さんは1年間、その役目を立派に果たしました。

小島さんは、「人がイヤなことは、まず身内からやらなくちゃいけない」と考えています。人にはやさしいけれど、〝身内には厳しい〟一面があるのです。

「入園希望の子が多くて、落とさなくちゃいけないこともあるんです。その場合はまず身内から落とす。職員の子どもから落とす。だから、この子のときも大変な役割だったので、息子に頼んだのです。息子は当時大学を出たばかりで、若かったこともあって」と小島さん。

呼吸器を手放せなかったその子は、入園してから様子が大きく変わりました。

それまでほとんど話をしなかったのに、ずいぶんおしゃべりになったのです。

入園してから関わる人が増えるし、まわりには同じ年ごろの子どもがたくさんいます。その子たちと先生と一緒に、毎日、野原に行ったり教室に行ったり。

世界ががらりと変わったから、本人も見違えるようにおしゃべりになったのです。お父さんは、その子を毎日送ってきていました。お父さんが勤めていた会社も立派で、幼稚園の送り迎えに合わせて、勤務時間を変えてくれたそうです。

おかげで、父子ともども1年間、柿の実幼稚園に通うことができました。

酸素ボンベを背負って1年間寄り添ってくれた、哲史さんのおかげです。

ちなみに呼吸器を手放せなかったその子は、いまはもう立派な大学生に成長しています。

「何かあったときの対応」を事前に打ち合わせ

呼吸器が必要だった子を皮切りに、柿の実幼稚園では、医療行為の必要な園児がだんだん増えてきました。そうなると、何かあった場合に備えて、お父さん、お母さんとしっかり打ち合わせをしておかなければなりません。

子どもが通っている病院はそれぞれ違うので、何かあった場合には、まずかかりつけの病院に行きます。

病児保育を始めた当初は看護師がいなかったので、息子の哲史さんが対応していました。

そのうちに看護師を採用し、問題が起こった場合は看護師が対応して、それから病院に行くようにしました。医療行為も呼吸器吸入だけではなく、インシュリンの投与なども行なうようになりました。

腫瘍のように、皮膚に真っ黒になっているところがある子がいて、傷つくと血が止まらない、というケースもありました。その子が怪我をして傷ついた場合は、すぐに病院に連れていかなければなりません。

どんな場合にどうするか。病児を保育する場合は、それらのことを事細かく決めておく必要がありました。

障がいのある子や医療行為の必要な子を受け入れるのは、簡単ではありません。

小島さんも、そうそう気軽に、「思い」だけで受け入れているわけではないのです。「毎日、教員みんなで報告しあい、どう対応するべきかを話し合っています。うまくいかない場合は常に、『どうしたらいいでしょうか』と、教員みんなに意見を聞いて、対応していくのです。毎日が工夫ですね」

小島さんがうれしいのは、最近、医療行為を幼児教育の現場で行なう幼稚園が増えてきていることです。

以前、教材をつくる会社が柿の実幼稚園に来て、園児に吸引をする現場を映像に撮っていきました。幼児教育や看護師の学校などで、教材として使うそうです。

変化の波が、少しずつ寄せてきているようです。

全盲の園児が描いたお母さん

『柿の実通信』という、毎月発行の小冊子があります。幼稚園からのお知らせや、子どもたちの活動を知らせる内容です。

その表紙は、毎月、園児の絵から小島さんが「これだ」と思ったものを採用しているのですが、その表紙に、全盲の子どもの絵が2回も選ばれています。

「いまはもう中学3年生くらいになっているお子さんですが、幼稚園のころの彼女の絵がすばらしいんです。ひいき目じゃなくて、選びたくなるんですよ」

全盲の子が絵を？　と一瞬戸惑いましたが、見せてもらって驚きました。とても目が全く見えない子の絵とは思えません。

用紙いっぱいに、にっこり笑ったやさしいお母さんの顔が、のびのびと描かれていました。

その全盲の子どもが入園するときには、柿の実幼稚園では特に設備の追加などはしなかったそうです。目の見えない子をみんなでフォローする。それが柿の実幼稚園のありかただからです。

その子は周りにたくさん助けてもらいながら、バリアフリーならぬ〝バリアアリー〟の幼稚園を楽しんで卒園していきました。

在園中に亡くなった子どももいます。とくに障がいがある園児たちが、何人か亡くなりました。

障がいがあって、不自由な思いをしながら、短い命を終えてしまう。

胸の痛む悲しいことですが、同じように障がいをもつ子どものお母さんたちのなかには、一緒に過ごした時間を慈しむような、〝温かい思い出〟ととらえる人もいます。

他の市から通ってきていた、医療行為が必要な女の子がいました。その子が通園していたあいだに、やはり障がいをもった園児が亡くなってしまった、ということが何度かありました。

女の子のお母さんとしては、他人ごとではありません。自分ごととして心を痛め、不安にもかられたことでしょう。

けれどそのお母さんは、卒園文集に、〝温かい思い〟と書いて、「きょうだいのいる天国へ旅立ったのだと思います」というメッセージを寄せてくれました。

亡くなったことは悲しいことだけれど、柿の実幼稚園に来たおかげで、笑顔がはじけた想い出もたくさんつくることができたね。

天国に行ったら、きょうだいがたくさんいるよ。

幼い子の死に直面すると、悲しい、つらい思いがわきあがります。

でもそのお母さんは、自分の子と同じように障がいをもち、天国へ旅立ったお友だちに温かなメッセージを送ることができました。

大変です。大変だけれど……

「でも」と小島さんは言います。

「ホンネを言えば、大変です。正直、ほんとうにね、勇気がないとできません。いろんな人が、柿の実に入るために引っ越してきます。父母の会で役員をやっている副会長さんは、いま園にいる子は健常ですが、上の子は車椅子で、やはり遠くから引っ越してきた方です。そういう方は、もう、数えきれないです」

寝たきりの子を含めて、毎年10人前後の重度障がいをもつ子が入園、その子たちの健康と安全に責任をもって日々教育するのですから、重圧ははかりしれないでしょう。でも喜んでくれる人がたくさんいるから、小島さんはその重圧を乗り越えることができます。

「この子どもたちの空気のなかに、うちの子が一緒にいる。この空間を共有できたというだけで、それだけでもう十分です」と話したお母さん。

「うちの子がみんなと遊んでいるのを初めて目にしたとき。もう涙があふれて止まらなかったんですよ」と言う、通園3年目の子どものお母さんもいます。

小島さんは、そんなお父さんやお母さんの感想が忘れられません。

みんな寝っ転がればいいんだよ！

親だけではありません。

ある卒園式の日のことです。

卒園式は、2階の体育館に卒園児やお父さん、お母さんが勢ぞろいして、盛大に行なわれます。

みんなで記念写真を撮る時間になりました。毎年の恒例の行事です。

写真を撮るのはプロのカメラマンです。柿の実は大きな幼稚園なので、いろいろな職業の保護者がいて、それぞれ自分の得意技を生かして園のために動きます。

そのカメラマンのお父さんが、写真をいつもどおりに正面から撮ろうとしました。

ところが、ある車椅子の子が、病気のせいで頭をまっすぐに支えていられません。

どうしても、ひとりだけ斜めにうつむいた格好になり、顔が写らないのです。

そのとき、やはりその年に卒園する同じグループの男の子が、大きな声でこう言いました。


「みんな、床に寝っ転がればいいいんだよ！　輪になって、仰向けになって寝ればいいんだよ！　高いところからだったら、その子の顔も写真に撮れるよ！」


あっ、そうか、そうだよね。

そうだ、そうだ。

卒園児みんな、頭を円の中心に向けて輪になって、仰向けに寝っ転がりました。

カメラマンのお父さんは、他のお父さんたちがビデオカメラをもってひしめく2階の父兄席に行き、ニコニコ顔で寝ているみんなの顔を上から撮影。

とてもいい卒園写真が撮れました。

柿の実幼稚園では、健常者の子どもたちも、先生や親たちと一緒に、障がいのあるお友だちと関わっています。

「みんなで寝っ転がればいい！」という最高のアイデアを出してくれた子は、きっとやさしい大人に育つでしょう。

なかなか受け入れてくれない小学校

こんなふうに柿の実幼稚園では、障がいのある子も病気の子も、同年代のたくさんの友だちに受け入れられ、一緒に巣立っていきます。

しかし問題は、その先です。

健常者の園児や、障がいがあっても重度ではない園児は、卒園すると小学校に入学します。ところが現実には、小学校が受け入れてくれないことが多々あるのです。

裁判を起こして法廷で争う保護者も少なくありませんが、受け入れはなかなか進みません。

とくに柿の実のような幼稚園で幼児教育を楽しんだ子どもたちは、障がいがあろうとなかろうと、ふつうに小学校に行きたいと思います。

「だから戦いですよね」と、小島さんは言います。

柿の実幼稚園が重度の障がい児や病気の子をたくさん受け入れているのは、小島さんに、ある思いがあるからです。

障がい児の受け入れは、地方の、私立の、一幼稚園でもできることだ。それがなぜ、公立の小学校でできないのか。障がいのある子どもたちの受け入れがふつうのことになるまで、柿の実幼稚園は実績をつくっていこう。自分たちの取り組みが、そのきっかけになれば。

そういう思いです。

だから柿の実幼稚園の障がいのある卒園児を小学校で受け入れるかどうかは、しばしば行政で議論の対象になります。

横浜市は、3年前に受け入れました。

常時吸引が必要で、やはりどこの幼稚園にも入れてもらえず、柿の実幼稚園に入るためにわざわざ名古屋から引っ越してきた子でした。

でも小学校への入学は、簡単ではありませんでした。

柿の実に通って、楽しく過ごして、横浜市に引っ越して、小学校に入るために戦いました。協力してくれる弁護士たちや支援してくれるグループなどが活動してくれたおかげで、横浜市はようやく受け入れを決めたのです。

病気の子どもも、障がいのある子も、誰でも教育を受ける権利があります。しかもそうした子たちと一緒に教育を受けることは、健常児たちにとって、さまざまな状態の人を受容する心や、人を思いやる気持ちを育む点で、大きなプラスとなるといえるでしょう。

柿の実幼稚園の子どもたちを見れば、誰でもこのことがわかります。

与えてすぐ忘れる手、あったかい

小島さんはよく、幼稚園の先生たちや保護者たち、子どもたちに、

「与えてすぐ忘れる手、受けていつまでも覚えている手、あったかい」

と言います。

「人に何かを与えて、恩着せがましくするところにいざこざが始まる。けれど、与え

たらすぐに忘れてしまう手は温かいし、人から受けた恩はいつまでも忘れないでありがたいと思っている手も温かい」という意味です。

あと、

「真の美しさは、1分間鏡の前に立ち、5分間ココロの前に立ち、15分間神の前に立つとき、本物の美しさになる」

という言葉も口にします。

美しさを手に入れるために、人は着飾ったり、お化粧したりします。けれどそれは1分間鏡の前に立てばいい。

もっと美しくなりたければ、その5倍の5分間、自分のココロを見つめること。誰も見ていなくても、自分は必ず見ているのだから。

そして本物の美しさを手に入れたいのであれば、その3倍の15分間、神の前に立つこと。自分で自分の心はごまかせても、神の前ではごまかせない。神の前で恥じない生き方をしているかを自分で自分に尋ねて、うなずくことができれば、それが本物の美しさを手に入れたということ。

こういう意味です。

小島さんは物心ついてから長く、神学校で修行してきました。幼稚園では、キリスト教のキの字も、聖書のセの字も言いませんが、ずっと、それらのことを基本に生きてきました。

だから誰かに何かをしてあげても、すぐに忘れます。してもらったことは忘れません。

そして、「みんなもそうしたほうがいいよ」と、幼稚園の先生たちや職員たちにも、子どもたちにも、保護者たちにも言っているのです。

第2章

自然も人の心も温かなふるさと

～五島列島の豊かな海と山～

五島列島で生まれる

小島澄人さんは、長崎県の五島列島の最先端、新上五島の仲知《ちゅうち》で生まれました。世界遺産になっている隠れキリシタンの島です。

穏やかな青い海と、遠く近くに島影が見え隠れする、気候温暖なふるさとです。海も、いろいろです。

私の生まれは北海道の帯広で、4歳くらいで釧路に行きました。住所はいろいろと変わりましたが、子どものころは入船町という漁港のすぐ近くで、いつも海を見て育ちました。

小島さんが五島列島の生まれと聞いて、長崎から高速フェリーで福江島に行ってみたことがあります。

明るい空と、どこまでもきれいな青い海。

釧路が霧の多い町だということもあるかもしれませんが、道東の、太平洋の荒々しい海原とは全く違う風景がありました。

子どものころの釧路の冬は厳しく、氷点下10度はふつうで、極寒時には氷点下20度を超える寒さの日もありました。冬の荒れた鈍色《にびいろ》の海はとりわけ、人を寄せつけない雰囲気がありました。

それに比べて五島の海は、もちろん時化のときもたくさんあるのでしょうが、とてもやさしく感じたことを覚えています。

「ああ、小島さんはこういうところで育ったのだ」と、どこかで納得する気持ちでした。

仲知では、小島さんの伯父さんが網元で、村中の人が、網元のお兄さんの家へ集まって漁の仕事をしていました。

でも小島さんのお父さんは小学校の先生で、お母さんは教会で子どもたちにお祈りなどを教えていました。

小島さんは11人きょうだいの4番目、男の子としては3番目の子どもです。

当時の村の小学校の先生は、校舎の2階の宿舎などで生活しており、小島さんの家族もみんなそこで暮らしていました。

学校の先生には転勤があります。お父さんも次々と転勤します。

お父さんが隣村の小学校に転勤する際に、当時4歳くらいの小島さんを隣町の叔父さんの家に預けます。

というのも、そのころはあまりなかった幼児教育を行なう保育園が、叔父さんの住む村にはあったからです。

お父さんは小島さんに幼児教育を受けさせようと考えて、叔父さんの家から通わせてもらうことにしたのです。


そのころの楽しさを、小島さんはいまでも忘れません。

小島さんがさびしくないようにと、同じ年ごろの子どもたちが遊びに来て、しょっちゅう泊まっていきました。みんなで魚釣りをしたり、ままごとをしたり。

土曜日、日曜日は毎週、15キロくらい離れた家族のところに帰りました。

まだ4歳か5歳でしたが、土曜日に、車も通らないような道を歩いて山を越え、家族のもとへ帰ります。次の日の日曜日には、また叔父さんの家に戻って保育園、という生活でした。

五島の引っ越し

小学生になると、自然のなかで思いきり遊びました。山に登ったり、海で泳いだり、子どもたちで秘密基地をつくったり、木に登ってツリーハウスからロープウェイしたり。近所の園児から中学生まで、みんな一緒に遊んで、悪いことも良いことも、喧嘩することも助けることも、何もかも覚えました。

小島さんは、負けん気の強い子どもでした。ガキ大将みたいなところもあって、お兄さんが中学生にいじめられていると、自分は小学4年生でまだ小さい体なのに、相手に頭からドーンと突っ込んでいくような子でした。

もちろん相手が本気になると勝ち目がないので、体当たりしたあとは、後ろも見ずに一目散に家に逃げ帰ったり。

スポーツも得意で、小学5年生、6年生のときには、ソフトボールのキャプテンを務めて優勝したこともあります。

野良犬にエサをやって、なつかせたこともあります。

小島さんが子どものころ、白土三平の『サスケ』という漫画が流行っていました。少年忍者のサスケが、さまざまな強敵と闘いながら成長していく物語です。

そのサスケが、漫画のなかで、山中で獰猛な山犬を捕らえて調教するシーンがありました。「忍犬《にんけん》」に育てようとしたのです。小島さんはそれに憧れて、山で野良犬を捕まえてきて調教し、すっかり仲よくなったこともありました。

ところが、お父さんの転勤で、また引っ越しです。

小島少年がそのころ一番悲しくて泣いたのは、その犬とさよならをするときだったそうです。


五島列島の引っ越しは、島から島への移動です。

ポンポン船に家財道具をぜんぶ積むと、重さで船が沈み、縁が海面すれすれになります。その船に旗を立てて、引っ越し先の島に向かいます。

のどかなエンジン音を響かせながら船が出航すると、村の人たちがみんなで、

「おーい、元気でなぁー」

と岸壁から手を振って見送ってくれました。

小島さん家族は、村のみんなに手を振り返して、別れていくのです。

小島さんのお父さんは転勤が多かったので、そんなことを何回も繰り返しました。五島の島々を転々として、5つある島はほとんど制覇。世界遺産となった五島列島の村々は、小島さんにとってすべてなじんだ土地柄です。

クリスチャン一家に育つ

長崎から五島列島の福江島までは、いまでこそ高速フェリーで最短1時間20分ほどで着きますが、小島さんが子どものころは高速フェリーはありません。

本土に行くにはかなりの時間がかかり、小さいころの小島さんには島の生活がすべてでした。

果ての見えない美しい海原と山野につつまれて、小島さんはのびのびと自然児生活を送りました。

ただ、そんな小島さんの幼いころの暮らしには、一本、「信仰」という筋が通っていました。

五島列島は隠れキリシタンの里です。小島さんの家もそうで、小島さん自身、幼児洗礼を受けています。

生まれたときからクリスチャンの家柄なのです。


小島さんの11人きょうだいのうち、7人が神父やシスターを目指し、一家からは、2人が聖職者になりました。長男の前田万葉枢機卿と、シスターがひとりです
小島さんとお兄さんの万葉さんの名字が違うのは、小島さんが結婚して小島家へ婿養子に入ったためです。

前田万葉さんは2018年に、日本人としては6人目の枢機卿になり、ローマ教皇の側近となりました。終身の名誉職なので、71歳の前田枢機卿は最若手です。教皇の代わりに説教することもあるなど、実務に活躍しています。

小島さんは、前田枢機卿のことをこんなふうに言います。

「俳句が好きで、信仰の話も、俳句にして信者さんに説いていましたね」

大司教時代には、福音の書籍を出版しており、そのなかにはこんな句が載っています。

烏賊墨《いかすみ》の一筋垂れて冬の弥撒《ミサ》

「冬でも5時か6時からミサがあり、朝、釣りに行って、捕った烏賊を食べてからミサに出たら、烏賊の墨が垂れてきて、笑われた」という、ほがらかな俳句です。

前田枢機卿と兄弟喧嘩もふつうにしてきた小島園長には、忘れられないエピソードがあります。

前田枢機卿が連れてきた友だちのことです。

幼稚園時代に、お兄さんが筋ジストロフィーの同級生を連れてきました。その友だちは「30歳まで生きられるかどうか」と言われていました。

小島さんは、そのお兄さんの同級生とよく遊ぶようになりました。柿の実幼稚園がダウン症や医療支援が必要な子どもをたくさん受け入れているのは、そのときの〝一緒に遊んで楽しかった〟という記憶が根本にあるのかもしれません。

みんなで、一緒に楽しもうよ。体が不自由とかは関係ない。みんな、いい子なんだから。

いまは、小島さんのきょうだいが6人、柿の実幼稚園で働いています。姉妹幼稚園の夢の森幼稚園や、系列の保育園の事務局をやっているのもみんなきょうだいで、五島で一緒に育ったきょうだいでしっかりと園を支えているのです。

都会の神学校で生活して学校に

いまから50年前の子どもたちは、親の手伝いをよくしていました。たいていの家はけっして経済的なゆとりはなく、きょうだいも多かったので、それぞれに仕事が割り振られていました。

特に島では、やることがたくさんありました。

小島さんも、小学生になると、朝まだ明け切らない4時には起きて、家の仕事をしていました。5時からは、毎朝の〝御ミサ〟です。〝御ミサ〟は、365日欠かすことはありません。

毎朝やってくる坊主頭の小島さんを見こんで、教会の神父様は、「神父になるための学校に行かないか?」と勧めてくれました。そこで小学校を卒業すると、島から出て、神父を目指して長崎の神学校に進み、共同生活をすることになります。

カトリックの母校は、長崎公教神学校（1990年に「長崎カトリック神学院」に改称）です。この神学校はいまでも、長崎市の浦上天主堂（浦上教会）の真下、世界遺産のなかにあります。

神学校では、朝から晩までずっと神父を目指す仲間たちと暮らします。食事、お祈り、学校に行くのも帰るのも同級生と一緒でした。

神学校から通っていた学校は、長崎南山中学校・高等学校で、カトリック系私立男子校です。

神学校の生徒は、「長崎南山でも学年の10本指に入らなくては！」という不文律（？）があったそうで、小島園長は〝負けず嫌い〟を発揮して、中学1年から高校3年まで学年で1番を通しました。

「長崎南山は、高校になると1学年に500人くらい生徒数がいたんですよ。同窓にはさだまさしさんの弟の繁理さんとか、途中で退学しましたが歌手の前川清さんとかがいます。

前川さんは、兄の前田万葉枢機卿の親友です。だからお祝いごとでは、床から天井までぐらいのでっかい花が届くんですよ」と小島さん。
高校を卒業すると、慶應義塾大学の哲学科へ進み、ここでも神学校の学びを続けます。

敦子さんとの結婚

小島さんは大学を卒業すると、高校の歴史の教師になりました。神父への道を歩もうとしても、世の中の人の心がわからないと意味がない。だからまず教師になろう。

そんなふうに考えて、いったん神父への道を中断し、5年間ぐらいしたら戻るつもりで高校の先生になったのです。もともと体を動かすのが好きなので、高校の教師仲間の野球チームに入りました。

ところがカトリックの神父は独身なのに、野球チームの先輩が、幼稚園教諭の女性を紹介しようとするのです。何度もしつこく言うので、一度会ってみようと考えて出会ったのが、奥さんの敦子さんでした。

当初は、紹介してくれた先輩を交えて何度か敦子さんとお茶を飲みに行ったりしていたのですが、そのうちに2人きりで話したいと思うようになります。

その先輩は、いまでは80歳近くの高齢ですが、60歳から柿の実幼稚園で、畑や果樹園の手入れなどをコツコツやって働いてくれています。大先輩で、敦子さんのことは若いころの愛称のまま、〝あっちゃん〟と呼んでいます。

敦子さんと初めて2人きりで出かけたのは、映画でした。

山田洋次監督、高倉健と倍賞千恵子が共演した『幸福《しあわせ》の黄色いハンカチ』です。

高倉健の演ずる島勇作は、夕張の炭鉱夫でした。

不器用で無口な島は、スーパーのレジで働いていた光枝（倍賞千恵子）と少しずつ気持ちを寄せ合って、やがて結婚します。

ところが、光枝がせっかくできた赤ちゃんを流産してしまい、すさんだ島は、喧嘩で人を殺してしまいます。網走の刑務所に入り、奥さんの光枝に、「おまえはまだ若いから、俺と別れたほうが幸せになれる」「こんな俺を待っていても仕方がない」と離婚届を書いてしまいます。

しかしやはり奥さんが好きな島は、出所が決まってから、「もしまだひとり暮らしで俺を待っていてくれるなら、鯉のぼりの竿の先に黄色いハンカチをぶらさげておいてくれ」とハガキを書きます。

やがて出所しますが、島は思い惑います。妻のもとに帰るべきか、帰らずにひとりで生きていくべきか。どうせもう他の男と結婚しているのではないか。待ってくれているわけなどない。迷い、悩む島が、ひょんなことで釧路から一緒に旅をすることになった欽也（武田鉄矢）と朱美（桃井かおり）の若いカップルに励まされ、後押しされて、炭鉱の住宅に帰ります。

ハンカチなどない、あるわけがない。

そう考えて顔を上げられない島の代わりに、朱美が車の中から家並みの様子を逐一実況しますが、しかしハンカチは見当たりません。

ところが家と家のあいだの、車からは死覚になっているところに、ちらりと黄色いものが見えます。

半信半疑でそちらへ進むと、鯉のぼりの竿のてっぺんから紐が伸びていて、そこに何十枚もの黄色いハンカチが、風に吹かれてはためいて——。

島勇作が車を降りて家の前に行くと、光枝が家から出てきます。外国映画のように抱擁するでもなく、2人で少し見つめ合って、そのまま家に入っていきます。


小島さんも、敦子さんも、初めて2人で観に行った映画の、そのラストが忘れられません。

柿の実幼稚園のホールが完成した際には、その思い出の映画をお披露目に上映しました。幼稚園のホールができるまでは、柿生には大きなホールがなかったので、地域の多くの人を招いて喜んでいただいたそうです。


小島さんと敦子さんは、やがて交際を深めますが、高校教師としてスポーツクラブの顧問や監督を担当していた小島さんには、休みがありません。

だからデートといっても、卓球をしたり、毎週通っていた教会のミサに一緒に行ったり、仕事帰りに喫茶店で待ち合わせてコーヒーを飲むくらいのものでした。

その喫茶店で、〝結婚したい〟という気持ちを伝えました。

「父に会ってほしい」と敦子さんが言うので、年明けのお正月に挨拶にうかがうことにします。

これが、小島さんと幼児教育との関わりの、第一歩でした。

お義父さんへのあいさつ

敦子さんと結婚する、ということは、神父の道をあきらめるということです。神父は結婚できません。

幼児洗礼を受けて、物心がついたころにはクリスチャンだった小島さんには、もちろん迷いもありましたが、神父になることを断念したからといって、キリスト教を棄てる必要はありません。

小島さんは敦子さんと生涯をともにすることを選び、結婚の決意を固めて、敦子さんの両親に挨拶に行きました。

そしてそこで初めて、半端な覚悟では受け止めきれない事実を突きつけられることになります。

ちょうどお正月のことで、敦子さんの実家には年始の挨拶のお客が大勢来ていました。年始客が多くて最適とはいえないタイミングですが、敦子さんのお父さん、一也さんは、娘が連れてきた小島さんに、さまざまな話を始めました。

敦子さんの実家は幼稚園を運営していること。

妹はいるけれど息子はいないから、敦子さんと結婚するなら婿に来てほしいこと。

小島家は豊臣秀吉の時代からある旧家で、近所のお寺でも神社でも熱心に信徒総代を務めていて、実質運営もしていること。

土地の豪族だったので、お寺も神社も実質、小島家が建立したこと。

初めて聞く話がどんどん出てきました。

一方で一也さんは、小島さんがクリスチャンであることを聞いていました。

小島さんは神父になるために修行を続けてきた、敬虔なクリスチャンです。父親の一也さんだけでなく祖父の辰郎さんも、「誰がこののち、お寺や神社を継ぐのか。クリスチャンを家に入れていいのか」と心配していたのです。

だから当然、

「君はクリスチャンだと聞いているけど、どうする？」

と尋ねました。

小島さんはこう伝えました。

「自分の信仰は守ります。けれど、お寺も神社も大切にしたいと思います」

小島さんは、いまもクリスチャンでありつづけながら、お寺と神社の信徒総代も務めています。


一也さんとの話で、小島さんが忘れられないのは、幼稚園の話になると俄然、熱を帯びてきたことです。

広い土地で畑をやって幼児教育に生かしていること、子どもたちがのびのびと走り回って毎日生き生きしていること、父兄も熱心で、毎年、文集を発行していること。2時間以上も、とにかく幼稚園の話ばかりでした。

そのとき取り出してきて見せてくれたのが、お母さんたちの子育て文集『かきのみ』です。テーマは「恩師へ」とか「ふるさと」とかいろいろで、お母さんたちの子育ての苦労や子どもへの思いなどが率直につづられています。

小島さんはこれを受け継ぎ、創立60年のいまでも、文集『かきのみ』を毎年発行しています。

五島への里帰り

こうして小島さんは27歳で結婚、婿入りし、前田の姓から小島の姓になりました。ただ気になるのは、小島さんのお母さんは、前田の姓ではなくなること、神父の道をあきらめることに反対しなかったのか、という点です（お父さんはもう亡くなっていました）。まして小島家は、お寺と神社の信徒総代を務める旧家です。しかしお母さんは、拍子抜けするほどあっさりと認めてくれました。

「こういう人と結婚したいんだ」

と言うと、お母さんはひとこと。

「そうかい。おまえみたいな者を好きになった人だから、悪い人のわけがないよ」

結婚してから初めての里帰り。

敦子さんと長崎から島に渡り、村に着きました。

そのころは家に誰も住んでいなかったので、真っ暗です。

雨戸を開けて風を通して、電気を点けました。

それからしばらくたつと、びっくりすることが起こりました。村のみんなが次から次に、「お餅だよ」、「魚だよ」と、もってきてくれるのです。

〝前田さんちの電気が点いたのが見えたよ〟と。

小島さんが島から出て、もうずいぶん年月がたちます。なんだか、うるうると泣きそうになりました。

1週間ほどの里帰りでしたが、食べるものにはまったく困りませんでした。戻ってきてからも、村の人たちは、サザエや、五島列島のさつまいもでつくる〝かんころ餅〟を幼稚園に送ってきてくれたりしました。

村の人たちの温かな想いに、こちらまで幸せな気持ちになります。

第3章

畑の真ん中にぽつんとつくった幼稚園

~幼児教育の理想をめざす~

柿の実幼稚園の成り立ち

柿の実幼稚園が開園したのは、１９６２（昭和37）年のことです。

いまの園舎のある場所は、麦や野菜をつくっている畑でした。そこに、小島さんのお義父さんの一也さんと奥さんが、リヤカーにスコップと幼い姉妹を載せて行って、コツコツと土地をならしだしたのが始まりです。

一方で、一也さんは、地元の仲間に声をかけます。

「あの畑に幼稚園をつくろうと思う。手伝ってくれないか」

昭和30年代のことで、まだ幼稚園が珍しかった時代です。

地域で初めての幼稚園建設。自分が生まれた、幼なじみの住む土地です。友人たちも、方々に声をかけてくれました。

声をかけられた学校の同窓生たちは、口々に言い合いました。

「小島んちで幼稚園始めるみたいよ」

「畑の真ん中だよね」

「バスで送り迎えするらしいよ」

こうして、地元の一也さんと若者たちは、手づくりの幼稚園建設を始めたのです。まずは土地を平らにして整地。整地できたら、今度は山から松の木を切り出し、木材と大工道具を運んで、86坪の、最初の園舎をつくりました。

周囲には民家がほとんどない、畑の真ん中にぽつんとできた幼稚園。柿の実幼稚園のスタートです。

考えてみれば、小島さんは園長になってから、森を切り開き、すべて自分たちの手で柿の実幼稚園の園庭や夢の森幼稚園をつくってきました。

小島さんの息子の哲史さんも、木を植えたり遊具をつくったり、自分自身で汗を流して園づくりに取り組んでいます。

しかし柿の実幼稚園はもともとが、小島さんのお義父さんの一也さんが、文字どおり仲間との手づくりでつくりあげた幼稚園でした。

バトンは渡されている、ということかもしれません。

幼稚園づくりの途中、近所のお百姓さんや建設を手伝ってくれたメンバーのなかには、「家が1軒もないようなところの幼稚園、つくっても誰も来ないのでは？」と心配する人もいたようです。

しかし、一也さんのお母さんの実子《じっこ》さんには、目算がありました。

実子さんは、横浜市立鉄《くろがね》小学校の先生を30年間務めていたので、柿の実幼稚園に、小学校の教え子の兄弟や知り合いが通ってくるのでは、と考えていたのです。

開園すると、実際に教育熱心な横浜の鉄や青葉台などの人たちが入園してきました。創立時の園児は88名。3学級からのスタートです。

園長は一也さんのお父さんの辰郎さんが務め、実質は一也さんが園庭の整備から運営まで行なうことにしました。

ただ、地元の柿生では、まだ幼稚園の必要性が、あまりピンとこないようです。

そこで、遠い横浜からの園児の通園を確保するため、一也さんは送迎バスの運転手を務めます。バスは、中古を購入しました。

そのバスがポンコツなので、朝、エンジンがかかりません。先生たちみんなで蹴っ飛ばしたりして、やっとエンジンがかかって、迎えに行ったようなこともあったそうです。

一也さんは、職員旅行も、自分の子どもたちと一緒に園バスで行きました。とても家族的な幼稚園だったのです。

実子さんの願い

それにしても、一也さんはなぜ、幼稚園をつくろう、と考えたのでしょうか。

もともと一也さんは、玉川大学の一期生として労作教育について学んだ人で、全人教育、労作教育を身につけていました。

誰かがつくったものを子どもたちに与えるのではなく、まず自分たちの手で何かをつくろう、ということを学び、それを実践できないか、と考えたのです。

ただ、幼稚園設立の想いは、お母さんの実子さんが大事に育んできたものでもありました。

実子さんは、30年間務めた小学校の先生の仕事も定年間近になり、今後のことをゆっくりと考えます。そして、「これからの時代は、小学校へ上がる前の幼児教育が必要」と強く思ったようです。

柿の実幼稚園のある場所は、昔、祖先が寺子屋を開設した場所でもありました。寺子屋の名前は南嶺堂松静軒。小島源左衛門という小島家の祖先が、１８５３（嘉永６）年に開設したとされています。

そうしたゆかりもあって、実子さんは、小さな子どもたちが楽しそうに歓声を上げて、わが家にある幼稚園の山や畑を駆けめぐる――そんな情景が頭に浮かび、幼稚園をつくりたいと強く思ったようです。

「それなら、幼稚園をつくろう」

「そうだね。敦子も、来年は幼稚園なのだから」

こんなやりとりが、一也さんと実子さんのあいだであったのかもしれません。

ちなみに実子さんの名前は、〝じつこ〟というのが本当の読み方ですが、家族はみんな〝みのるおばあちゃん〟と呼んでいました。

「柿の実幼稚園」というと、たいていの人は、文字どおり柿の木の実で、柿生という所在地からの命名だろう、と考えます。

でも本当は、「柿生に教育が実るように」の「実」と、その願いを抱いた〝みのるおばあちゃん〟の実子の「実」を合わせてつけられたのが、柿の実幼稚園という名前です。

残念ながら、みのるおばあちゃんは柿の実幼稚園の開園を目にすることなく、1961(昭和36)年に亡くなります。

「お母さんに、開園を見せたかった」

一也さんは悔しい思いをしたにちがいありません。

実子さんの孫の敦子さんはちゃんと、柿の実幼稚園の第一期生になりました。

旧家、小島家のこと

ここでちょっと、小島家について説明しておきましょう。

小島家は、柿生の地に昔から住みつづけてきた旧家です。

中世のころは、青葉区、多摩区、川崎、町田一帯を支配していた豪族で、柿生の駅から現在の幼稚園がある場所までの広い土地一帯を、一族で所有していました。

そんな旧家も、苦難のときがありました。

小島さんの3代前の当主が、妻帯せず、当然子もなく、お付き合いした人にどんどん土地を分け与えてしまったそうです。さすがの旧家も土地はなくなり、家は傾いてしまいました。

そんなところに、実子さんと結婚して婿養子に来たのが、敦子さんのおじいさん、辰郎さんです。

小学校の先生をしていた実子さんには毎月のお給料があり、当時としては珍しく現金収入がありました。

真面目な辰郎さんも、農業のかたわら、リヤカーに柿生名物の禅寺丸柿を積んで都心まで引いて行って、料亭などに上質な柿を売って現金収入を得ていました。

2人は力を合わせ、旧家とはいっても本当に質素に暮らして、売り払われていた先祖の土地を少しずつ買いもどしていったそうです。

その土地が、いまの広大な柿の実幼稚園になりました。

ちなみに辰郎さんがリヤカーで売りに出た禅寺丸柿は、伝承が数多くあるほどの土地の自慢の名品で、１２１４（建保２）年に現在の神奈川県川崎市の王禅寺の山中で発見されたといわれています。

その後、１３７０（応安３）年に、火事で焼失した王禅寺を再建するため訪れた等海上人が、寺の裏山で真っ赤に熟した柿を見つけます。

試しに口にした上人は、あまりの甘さに寺に持ち帰って植え、村人にも栽培を勧めたことから広まったといわれています。

それまでの日本の柿は、渋柿ばかりでした。干し柿にして食べていたのです。

生の、みずみずしい甘い柿を食べられるという驚きとそのおいしさから、当時の大ヒット商品となりました。

江戸時代には池上本門寺の御会式《おえしき》で「江戸の水菓子」と流行になるほどの評判で、農家の大きな収入源に育ちます。明治の町村制の施行時には、特産の禅寺丸柿にちなんで一帯が「柿生村」となり、禅寺丸柿は、明治天皇に献上されるほどの名物に育ちました。

大型車の免許

こうした歴史のある小島家に、敦子さんと結婚して婿養子に入ったのが小島さんです。小島さんは、2年ほどはもとの高校教師を続け、敦子さんのおめでたと同時に高校を退職して柿の実幼稚園に転職します。

敦子さんも、勤めていた幼稚園をやめて実家の柿の実幼稚園に転職。だから2人は「同期入社」ということになります。

小島さんが高校の先生から転職してきて驚いたのが、お給料が半分になってしまったことでした。敦子さんとのあいだに赤ちゃんが生まれたばかりで、これでは厳しすぎる、と、一也さんと賃上げ交渉をしたそうです。

「給料を上げてほしい」と言うと、一也さんは、「大型バスの免許を取れば」という条件をつけます。

一也さん自身、創立時には横浜まで園バスで園児を送迎した経験があるので、幼稚園の仕事をするのであれば大型の免許はぜひとも必要、と考えたのでしょう。

ただそのころ小島さんはまだ、車の免許を取っていません。普通自動車の免許から始めて大型車の免許を取得するまでには、少なくとも3年間必要です。

〝身内びいきはしない〞という小島家の洗礼をきっちり受けることになりましたが、このときに取得した大型車の免許は、のちの幼稚園づくりの際に大変役に立ちました。

そんなこんなで慣れない幼稚園の仕事をしているうちに、一也さんが市会議員に立候補することになりました。

本格的に選挙運動を展開するとなると、幼稚園の運営にまで手が回らなくなります。やはり幼稚園には、専念する園長が必要なので、小島さんが引き継ぐことになります。小島さんはまだ若いので、名目上は一也さんが園長を務め、小島さんは副園長として働くことになりました。

副園長とはいっても、やることは園長先生の仕事です。

幼稚園に落ちた「くやしさ」

一方で小島さんは、一也さんの選挙運動を手伝うことになります。義理の父親が選挙に出るというのに、何もしないというわけにはいきません。

義理の息子として、一也さんの選挙事務所に張りつき、自分なりに運動を始めます。

振り返れば、このときの経験も、「入園を望んでいる子を断わりたくない。可能であればみんな入園させてあげたい」と小島さんが考える要因になっています。

朝5時に選挙事務所を開けて、遊説しに行く人たちにお茶出し。幼稚園の仕事が終わったらビラを配ることもしていました。

ビラを配る際に、家の人と顔を合わせることもしばしばあります。そんなときにしょっちゅう言われたのが、

「うちの子の入園を断わっておいて、何をいまさらっ!」

という声でした。

別に小島さんが断わったわけではないのですが、怒鳴りつけられてしまうのです。目の前で、ビラをびりびり破られたこともありました。

しかし当時としては、入園を断わるのも、やむをえないことではあったのです。園舎はスペースが限られているところへ、ベビーブームが来て入園希望者がどっと増えました。涙をのんで、希望者を100人、200人と落とす時代でした。

小島さんはこのとき、何も知らない子どもたちを落とすのは、ほんとうに残酷なことだな、と思います。親たちがそんなに怒っているとは、考えてもいなかったのです。

入園希望の幼児に、点数はつけられません。ほんとうにささいなことで、ある意味ではこじつけで、入園の可否を決めていました。

これがきっかけで小島さんは、入園希望者はできるだけ受け入れよう、特に困っている人の子の入園を優先しよう、と考えるようになりました。

ハンディキャップのある子がたくさんいる。

その状況で幼稚園に入りたいときに断わられたら、どんな思いだろう。

そういう子は、学期の途中でも受け入れてあげよう。

柿の実でなくては幼稚園に通えないような子は、まず断わらないようにしよう。一也さんの選挙運動を手伝うなかで、そう決めました。

柿の実幼稚園は創立20周年の節目に、創立当時の平屋を建て替えて新しい園舎にし、それに合わせて法人化することにしました。このころになると、園児もずいぶんと増えてきています。

１９８１（昭和56）年には、「学校法人柿の実学園」を設立。旧園舎とのお別れ会をして、新設に備えました。

新たな園舎は１９８２（昭和57）年に完成します。小島さんが、敦子さんと結婚したちょうどその年です。

その後、１９８３（昭和58）年には創立20周年記念事業として、新園舎落成式を行ないます。

柿の実幼稚園は、12学級、４２３名の規模に育っていました。

第4章

子どもも親もみんな喜ぶ幼稚園をつくりたい

～園庭1万坪の柿の実幼稚園づくり～

小島さん、園長になる

柿の実幼稚園に転職して3年ほどしたころ、小島さんは、園長に昇格します。園長である一也さんが選挙で当選し、議員の仕事で多忙を極めるようになったからです。

園長になったとき、小島さんは考えました。

「あったかい幼稚園にしたいな。毎日がピクニックのような楽しい幼稚園になったらいいな。子どもたちが楽しくなることをいっぱい実現したい」

そのためにどんどん企画を立てて、実行していきました。

夏といえば夕涼みにお祭り、そして花火。夕涼みは盆踊りくらいだったのを、たくさんの灯籠に絵を描いてずらりと並べてつるしたり。花火も、子どもたちが集まって小さな花火をするだけではつまらないから、花火師を呼んでの花火大会です。

親子キャンプをやって、夏の夜空を焦がすキャンプファイヤーをやったり、きりがないくらい、いろいろな催しごとを始めました。

催しごとは規模がどんどん大きくなって、いまでは、花火大会では長さが50メートルもある〝ナイアガラ〟もやっていますし、総額200万円くらいの花火を打ち上げたりもします。

地域の人たちは、その日は花火を見るために幼稚園に集まってきたり、来られない人は自宅から窓を開けて見たり。よみうりランドにも負けないような花火大会になっています。

小島さんは、幼児教育についていろいろと学びはじめました。

優れた取り組みを取り入れようと、全国の名のある幼稚園を見学して回ります。

本もたくさん読みました。そのなかで、近代保育をつくりあげたともいわれる倉橋惣蔵の書籍に出会いました。

「日本のフレーベル」とも呼ばれる倉橋惣蔵は、「育ての心とは、自ら育とうとするものを育てずにはいられなくなる心である。その心によって、子どもと保育者・親とはつながることができ、子どもだけでなく保育者・親も育つことができる」などの名言で知られています。

読んだ本には、「教室ではなく、自然のなかで子どもの幼児教育を行なうのが理想だ」とも書いてありました。

教える場は大地そのものである。

天井はこの自然、青空である。

教室の壁は、樹木であり、自然すべての環境である。

太陽の光のもと、木陰などで保育をするのが理想である。

これらの考え方は、一也さんが学んだ玉川大学の全人教育、労作教育に通じるものでした。


創立時の柿の実幼稚園は、畑のなかに園舎と小さな遊具があるだけの小さな施設でしたが、創立20年のときに、園児の増加にも対応して園舎を大きくします。

園舎の後背には、1万坪の、なだらかな山の傾斜地があります。

その傾斜地は山林になっていて、さまざまな樹木が密生しており、放置されている状態です。

小島さんは、考えました。

「この1万坪の山腹をぜんぶ、保育の場にしていこう」

園長としての幼稚園の仕事は、主として事務や経理です。事務や経理は、朝と夜にやればいい。

昼間の保育の仕事は、ほとんどが女性の保育士さんたちがやってくれる。

それなら男である自分は、力仕事も必要な、子どもたちの環境づくりに取り組もう。

園舎のなかの幼児教育は保育士さんたちに任せて、自分は環境づくりという裏方に徹しよう、と考えたのです。

それからは毎日、山林のなかに入っていくようになりました。

手つかずの山の、「開墾」のスタートです。

1万坪の山を園庭にしよう！

幼稚園の園庭づくりを〝開墾〟と言うのは、大げさだと思われるかもしれません。

しかし柿の実の裏の山腹は、日の光も差さないような、まさに〝森〟でした。そこを整地しようとしたのです。

小島さんの手元にあった道具は、手押し車の一輪車〝ねこ〟と、スコップや、よそからもらった鉈《なた》などで、日曜大工の域を出ません。

大きく育った樹木を切り倒すのは、危険であるうえに大変な作業です。

だいたい、木を根元近くから伐採するだけならともかく、根を掘り起こさなければ整地はできません。木の根っこは地中深くまで強く伸びているので、スコップ１本で掘って取り除くのは至難の業です。

それが10本、20本ではなく、何百本もあるのです。

だから通常は、プロに依頼します。山腹全体に広がる「森」を自分ひとりで園庭に変えるなど、ふつうであればまず考えません。

もちろん、小島さんも最初は業者に聞いてみました。すると、「森の木を伐って、ここを造成するだけで２０００万円かかる」という回答です。

すでに園舎もお金を借りて建てているのに、さらに２０００万円……ならば自分で、と、ひとりで開墾と造成を始めたのでした。

自分でやれば、浮いたお金を、子どもたちが喜ぶものをつくることに使える。

長い長いローラー滑り台があれば子どもたちは大喜びだろうが、鉄でつくらなければならないようなものは素人には手に負えない。専門家に頼むしかない。だったら、そういうものにお金を使おう。

そんなふうに考えて、自分でやれることはやる！　と決めたのです。

子どものころの自分のように

まず木を切って、根っこを掘り起こして整地する。

整地したら斜面に道をつくる。

道ができたら、切った木を適当な長さに切って斜面に埋め込み、階段をつくる。

木は、切れば切った分だけ、それこそ山のようにあるから、その木を使って、あちこちに遊具や遊び場、休憩場所をつくる。

雑木ではなく、実のなる果樹もたくさん植えたい。

ツツジの木もたくさん植えたい。ツツジの蜜を吸って遊ぶのは、子どもたちの春の楽しみだから。

そうだ、池だって必要だ。

夢はどんどんふくらみます。

小島さんのイメージは、自分が幼いときの思い出です。小さいころの楽しかったことを、あっちこっちに再現しようと思ったのです。

なつかしい五島列島で、自分たちでつくった秘密基地やツリーハウス。あのワクワクする気持ちを、子どもたちにも分けてあげたいという気持ちでした。

島で小学校の先生をしていた小島さんのお父さんの授業は、僻地教育のせいもあってか、自然を最大限生かした遊びを多く取り入れていました。

「今日は授業なし」となると、みんなで船に乗って魚釣りに行くようなこともありました。先生と生徒合わせて10人ほどで、船で島に行き、魚釣りや磯遊びを楽しんだのです。

カリキュラムはもちろんあったのでしょうが、自由度が非常に高かったのです。

先生たちそれぞれが、「自分はこんな教育をやりたい」という思いで授業をやっていました。

先生もみんな違う、子どももみんな違う。だから、みんな思い切ってやりたいことをやればいい。そういう幼稚園にしたい。

そんな思いで、小島さんはひとりで、1万坪の山林を相手に格闘を始めました。

ユンボ来る

小島さんは朝早くから、ひとりでスコップとねこで土を運ぶ作業を始めました。泥だらけになって働きづめの小島さんを見かねた園児のお父さんたちも、手伝ってくれるようになりました。

ひとりではさっぱり進まない作業も、男手何人かでやればスピードが上がります。すると、手伝いに来ていたお父さんが、「園長先生、そういう作業は、ユンボを買ってやったほうがいいよ。私が紹介するよ」と言ってくれました。

そのお父さんは当時、地元のロータリークラブに加入していたので、会員の建設会社の人から中古のユンボを譲ってもらえたのです。

ユンボは、パワーショベルともいわれる、キャタピラー付きの台車にショベルがついた重機で、ひとりで運転します。自分の敷地内を走る分には免許もいらず、建設現場ではなくてはならない存在。スコップとねこでやるのとは大違いです。

森は、まず檜を切り倒しました。

ユンボの威力はすばらしく、何時間もかかっていた木の根っこ掘りも、スピードアップして取り組めるようになりました。

杉も、何十本も切り倒しました。倒した木は、柿の実の園庭の建物や柱などにぜんぶ使っています。

枕木、さしあげます

整地する一方で、道づくりや階段づくり、遊び場づくりにも手をつけました。

そんなときに飛び込んできたのが、小田急電鉄が枕木の処理に困っているらしい、という話です。

小田急電鉄に特に人脈があったわけではないのですが、小島さんは電話で事情を説明して、よければ引き取りたい、と申し出ました。

「取りに来てくれればいいですよ」との返事なので、小島さんはトラックで、何度も何度も往復し、何百本も運んできました。

防腐処理がしっかりと施されて耐久性が高い枕木には、いろいろな使い道があります。いまでは買おうとすれば非常に高価なものですが、柿の実幼稚園では、階段や建設物の床などに、ふんだんに使うことができました。

だから柿の実幼稚園と、のちにつくる夢の森幼稚園の園庭には、枕木がたくさんあるのです。

ラッキーだったのは、枕木だけではありません。なぜか柿の実幼稚園には、御影石が山積みにされていました。

昔、都電で使っていたものらしく、やはり、「ほしい人にはさしあげます」という時期があったのでしょう。小島さんがまだ柿の実幼稚園に入る以前に、トラックでもらってきたもののようです。

だから園庭の坂道を上がっていく途中に、御影石の階段があります。いまでは枕木にしても御影石にしても、ただでくれるところなどありません。だから、事情を知らない人が見れば、ずいぶんお金のかかっている園庭だな、と思うかもしれません。

手づくりの柿の実幼稚園にふさわしい、都電と小田急からの贈り物でしょうか。

池もアスレチックも自分でつくる

男性の職員さんや、園児のお父さんが手伝ってくれる。ユンボもある。作業はどんどん進みます。

遊び場の池やせせらぎも整備しました。

小島家の住まいは幼稚園のなかにありますが、湧水があったようで、家の前は池になっていました。ザリガニを捕って遊ぶのが、子どもたちの夏の遊びでした。

ところが、飛び石をポンポン伝って池を渡ろうとするとき、うまくいかないとズボッと落ちてしまいます。

「あ、落ちたね！」、「濡れちゃったね！」と言って笑ってすませていましたが、年少さんにとっては危険です。そこで池を柵で囲むようにしました。

池だけでは芸がないと、池に流れ込むようなせせらぎもつくります。


アスレチックも本格的です。

切り倒した太い丸太を、安全面で問題がないように金具でしっかり固定して、大がかりな構造のものをたくさんつくりました。そういうアスレチックが、山の斜面のあちこちにあります。

当初は職員たちが、よそのアスレチックへ行っては、構造やデザインを勉強してきてつくったものが大半でした。

しかし木製の遊具やアスレチックは、年数とともに劣化して、こわれてきます。放置しておくと危険なので、取りこわしてつくりなおします。いま園児たちが遊んでいるのは、ほとんど、元園児のお父さんたちがつくったものになっています。


もちろん、プロの手を借りなければならない建物もあります。

そういうときは大工さんが来てくれますが、小島さんはこれ幸いと、いろいろな相談をもちかけました。

こういう構造物をつくるにはどうしたらいいか。

強度を高めるにはどの部分をドリルで穴開けして、金具で締めたらいいか。

大工道具の正しい使い方など、たくさんのことを教わりました。

遊具づくりで会社を立ち上げた保護者も

なかには、アスレチックづくりを手伝っているうちに、遊具づくりが大好きになって、自分の商売にしてしまったお父さんもいます。

たくさんのお父さんたちが手伝ってくれましたが、そのなかのひとりが、「これはおもしろいや！」と言って、小島さんや職員さんと一緒に、さまざまな遊具やアスレチックをつくってくれました。

彼はそれが病みつきになったらしく、仕事をやめて会社を立ち上げ、自分の商売にしてしまったのです。

その会社は、いまでは全国展開して、各地の幼稚園に木製の遊具を販売している有名な企業になっています。

柿の実幼稚園の遊具づくりを手伝ったお父さんが、アスレチックの遊具をつくる会社を起こしてしまう。

柿の実幼稚園のアスレチックなどの手づくり遊具は、プロの製品レベルにあるということでしょう。

果実のなる樹をどんどん植える

一方で小島さんは、傾斜地の園庭に、たくさんの果樹を植えました。

もともとお義父さんの一也さんは、玉川大学で大学創始者である小原國芳先生の薫陶を受け、全人教育を修めた人です。

だから幼稚園の創立以来、山や畑を使っての自然教育を心がけてきました。柿生は自然の豊かな地域です。しかも小島家は広い土地を所有していたので、野原はたくさんあるし、畑での収穫体験などはいくらでもできたのです。

だけど、と小島さんは考えます。
「子どもたちには野原や畑ばかりじゃなく、いろいろな季節に、木から果物をもいで採って、その場で、自分の服でふいて食べるような体験をさせてあげたい。もぎたての、皮がパンパンでつやつやのおいしい果実を口にする。そういう体験をさせてあげたい」

小島さんは幼児教育の勉強をしていたころ、全国の幼稚園を片っ端から見て回りました。そのときとても印象的だった幼稚園のひとつが、川崎市にある「江川幼稚園」でした。

園庭は、柿の実幼稚園の砂場くらいの小さなスペースしかありません。だから、畑などはありません。

畑はないけれど、水槽に土を入れて、サツマイモを植えていました。水槽なので、根の伸び方、イモの育ち方、実り方がぜんぶ見えます。

しかもその園庭には、樹木を植えてつくった壁がありました。園庭が、桑などの果物の木に囲まれているのです。

少ないスペースのなかで自然をつくりだし、保とうとする努力を見て、小島さんはうなってしまいました。

柿の実幼稚園には、広い野原や畑がある。遊ばせているなんてもったいない。そこで、いろいろな果樹を次から次へと植えていったのです。

だから柿の実幼稚園の園庭には、果実のなる木がたくさんあります。

柿だけで、なんと35種類以上。日本の一般的な柿の種類は、渋柿を入れても43種類ほどですが、その8割以上の種類を園庭で見ることができます。

〝柿生〟が特別に果実の種類が多い土地というわけではありません。小島さんや敦子さん、息子の哲史さんが、小さい苗木を買ってきては、一生懸命に植えて増やしてきた結果です。

いまでは毎年、サクランボやブルーベリーがたわわに実ります。ミカンも、ナシも、いろいろなプラムもあります。

みんな、苗木や種から植えました。それらがいま大きく育って、つやつやの果実を枝にびっしりならせます。

「今年はサクランボがよくなって、園児全員が木からもいで食べましたよ。佐藤錦もいっぱい実をつけました」と小島さん。

柿の実幼稚園の園庭は、いまでは、果物屋さんで売っている全種類の果実の木があるほどに育っています。

ブルーベリー、1パック100円!

実のなる木がたくさん植えてある柿の実幼稚園では、実った果物や野菜を、まず教材として収穫し、園児がうちに持って帰ったり、園の食育で食べたりします。

それでもたくさん残りますから、残った分は地域の人たちに配ったり、販売したり。ジャガイモなどは1000カ所ぐらいに配ります。

売るといっても、ブルーベリーは1箱100円、甘夏は6個100円、大根は2本100円などなど、格安です。

バス停の前に果物や野菜を置いておき、「柿の実　美味しい野菜」と書いた集金箱に、お金を入れてもっていってもらうようにしています。

大根も、アケビも売ります。大根が豊作のときは切り干し大根にします。イチョウの木もたくさんあるので、銀杏はちょっと土に埋めておいて、果肉が落ちたころに掘り出して洗って売ります。

売ったお金は、積もり積もって、年に100万円ほどにもなります。このお金は絵本充実資金として、傷んだ絵本を買い替えるのに使います。

生産して、工夫して、付加価値をつけて販売して、それで自分たちが楽しむ絵本を買う。

こうした一連の生活のサイクルを幼児時代に経験するのも、大切だと思います。

みんなで田植えして餅つき

柿の実幼稚園には、田んぼもあります。水田づくりを始めたのは2003（平成15）年のことです。

田んぼをつくってからは、泥んこ遊びが欠かせない年中行事になりました。

毎年、田植えをするのですが、いきなり苗を植えはじめるのではなく、まず田んぼに水を引いて、どろんこ遊びするところから始めます。

どろんこ遊びの経験がないため、腰が引けてしまう園児もいます。でもそれは、先生たちの魔法のことばですぐに変わります。

「泥んこ、やだっ」と言う子には、「素敵な、トロトロのチョコレートのなかに入るよ！」と言ってあげるのです。

そういう言葉で、子どもは一瞬で変わっていきます。


たくさん泥んこ遊びをして、田んぼに慣れてから、みんなで田植えです。

その苗も、お百姓さんから買ってくるものではありません。ぜんぶ園内で、籾から苗床をつくって育てています。

男性職員が育ててくれた苗を子どもたちが取りにいって、田んぼに植えます。暑くて虫もいっぱい来るなかで、雑草を取って、苗を育てます。


稲刈りも、子どもたちがします。

稲を刈って、乾燥させ、脱穀して、精米所にもっていきますが、一部は子どもたちが野球の硬式ボールなどを使って精米のまねごともやります。
こうして、だいたい180キロの餅米ができます。

餅米ができたら、お米パーティーです。餅米をかまどで蒸して、臼でつきます。餅つきには、強力な助っ人が来てくれます。毎年、お相撲さんが10人以上来て、餅つきを手伝ってくれるのです。

お相撲さんとのご縁のはじめは、横綱・白鵬の兄弟子の光法関と仲良くなったのがきっかけでした。当時はまだ16、17歳くらいの白鵬関も餅つきに来て、子どもたちと遊んでくれました。

白鵬関は、ひとりひとりの子どもたちをみんな抱っこしてあげるような、やさしい人です。

子ども好きで、一緒に餅を食べたりするときは、土俵に上がったときの鋭い表情とは全然違う顔になります。

敦子さんを「日本のお母さん」と慕って、8年間ほど、毎年来てくれていました。小島さんが入院したときは、お花を届けてくれたりもしました。

そのうちになかなか来られなくなったようで、いまは、木瀬部屋の力士が来てくれています。

柿の実幼稚園のシンボル

こうして、アスレチックあり、隠れ家あり、ツリーハウスあり、池もせせらぎもありの、柿の実幼稚園の巨大な園庭がつくられました。

園全体が、小さな子どもたちの憧れをそのまま地上に実現したような、楽しい場所になりました。

とはいっても、まだまだやることはたくさんあります。樹木の手入れや遊具の補修。あれもやりたい、これもやりたい、と、やりたいことはつきません。

活気がある幼稚園には、子どもたちの挨拶の声や、はじけるような歓声がこだましています。

小島さんは、そういう活気のある幼稚園にするためにも、常に何か新たに、みんなが喜ぶものをつくっていこう、と考えています。

そのひとつが柿の実幼稚園の正面の門です。びっくりするほど精巧な柿のオブジェがほどこされた、園児たちの自慢の門なのです。

この柿の門は、ディズニーランドの製作関連部署で働く、園児のお父さんに手伝ってもらってつくりました。

仕事の合間に、園に来て、手を貸してくれたのです。

こんなにカッコいい門ができたのだから、塀やベンチなどの他のところも、オブジェのようにつくりなおそう。壁画もつくろう。

塀やベンチに厚みをつけて、なだらかな曲線にし、そこにいろいろな形のタイルを貼って、おとぎ話のお城のようにしよう。

そう考えて、ガウディの作品のような、温かみのある塀をつくりました。

タイル貼りの、立派な壁画もつくりました。

これらぜんぶがいま、柿の実幼稚園のシンボルのようになっています。

やることが次から次へと出てくるので、小島さんは、たいてい作業着姿です。

柿の実幼稚園を見学に来たほとんどの保護者が、子どもが入園してから「びっくりする」ことがあります。

「ずっと工事のおじさんかと思っていたら、園長先生だった！」

ネクタイをして、チノパンをはいて、事務所で机に向かっている――それが「園長先生」のイメージなのでしょう。

汚れた作業着で、工具をもってうろうろしているおじさんが園長だとは、ふつう誰も思いません。

「父親の広場」

小島さんの、「常に、何かひとつでもみんなが喜ぶものを」という姿勢は、遊具やオブジェなどの「モノ」だけではありません。

園児のお父さんやお母さんが活躍できる場づくりにも、小島さんは一生懸命です。

そのひとつが、「父親の広場」です。

「父親の広場」ができるまでは、柿の実幼稚園の保護者の会は「母の会」だけでした。

ところが、あるお父さんに、「なぜ父親には出番がないのですか?」と聞かれたことがありました。

そのお父さんはプロ野球の選手でしたが、「父親も園での教育に参加したい。出番をつくってください」と言うのです。

渡りに船と、小島さんは試みに〝父子キャンプ〟を実施することにしました。

お父さんと子どもだけが参加して、お母さんは参加しないキャンプです。

こういうキャンプをやれば、ふだんは仕事で家にいない父親の存在感も増すでしょう。逆にお母さんは、ゆっくりと自分の時間を楽しむことができるはずです。

お父さんは子どもたちとテントを張って、焼鳥をつくったり、スイカ割りをしたりして、一昼夜を楽しく過ごします。

子どもを寝かしつけたあと、職員室でみんなで酒を飲みながら、「父親の役割とは」など、なかなか真面目な話で盛り上がっていました。

朝になると味噌汁をつくってみんなで食べて、それで散会です。

〝父子キャンプ〟は大成功。それ以来、「母の会」は「父母の会」に名称を変えることにしました。

みんなを巻き込む

小島さんは、みんなを巻き込んで何かをやることが大好きです。

幼稚園の広大な園庭づくりも、最初はひとりでしたが、どんどん周りを巻き込んで大勢でやりました。

企画やイベントも、同じことです。

「こんな保育をしたい」「こんなイベントをしたい」「こんな行事をしたい」と呼びかけて、みんなを巻き込んでいく。企画しても、みんなが乗ってこないとうまくいきません。園の先生たちを巻き込み、園児のお父さんやお母さんも巻き込む。

だいたい、幼稚園は、午後2時くらいに終わります。そのあとの時間、自然豊かな園庭や園舎そのものを利用しないのも、ずいぶんもったいない話です。

小島さんも、いろいろな企画を考えました。

アイデアはどんどん出てきました。

「サッカーや体操の教室を始めたらどうか」

「絵やピアノの教室をやったらどうか」

などです。

園児は約1000人。保護者はだいたいその2倍ですから、これだけいると、いろいろな職業のお父さん、お母さんがいます。どんな教室を始めても、指導役として適任といえる保護者がいそうです。

保護者と相談すると、いろいろな教室にニーズのあることがわかりました。

保護者としても、幼稚園にそれらの教室があれば、子どもを迎えに来て、改めて習いごとに連れて行く必要はなくなります。

放課後の習いごとが終わるころにお迎えに来るのであれば、その分時間の余裕もできるので、みんな大歓迎でした。

園としても、せっかくつくった施設を活用することができるうえ、教室では少額ですが参加費をいただくので、経済的な余裕が出てきます。

だんだんと金銭的な蓄えもできたので、そのお金で園舎の向かいにプールをつくることにしました。

昼間の保育で使うプールですが、放課後にはそこで水泳教室を開きます。すぐに定員がいっぱいになるほどの人気教室になりました。

こんなふうに、企画し、みんなを巻き込んで行動を起こしていくうちに、いろいろなことが好循環で回るようになってきたのです。

第5章

園児1000人との毎朝の握手に救われる

～「自然探検村」づくりの物語～

「夢の森」をつくろう！

柿の実幼稚園には、夢の森幼稚園という姉妹園があります。

夢の森幼稚園も敷地は1万2000坪、柿の実幼稚園に輪をかけて自然たっぷり、というより、自然そのもののなかにある幼稚園です。

設立は2007（平成19）年のことでした。

小島さんは、お義父さんの一也さんによく、「夢みたいなことばかり言って……」と言われてきました。

その夢を、たいていは実現してきた小島さんですが、夢の森幼稚園もやはり、小島さんの夢から始まりました。


きっかけは、愛媛県から教諭に応募してきた人の話です。

面接をして、

「なぜ、わざわざ愛媛県から来て、この園に勤めたいと思ったのですか？」

と尋ねると、

「〝自然〟とウェブサイトで検索したら、柿の実幼稚園が出ました。それで、ここにぜひ就職したいのです」

という返事です。

それを聞いた小島さんは、ありがたく思う気持ちの一方で、少し恥ずかしくなりました。

たしかに、柿の実幼稚園に自然はたくさんあります。山腹を整地し、いろいろな設備を手づくりで整えて、子どもたちが喜ぶような園庭をつくろうとしています。

でも小島さんは、〝自然がある〟と言われて戸惑います。

「本当に〝自然がある〟というのとは、少し違うんじゃないか」

五島列島の小島で育った小島さんは、自然の豊かさも、生命のエネルギーがこもったようなその濃密な空気も、ときには自然が人にとって怖ろしい存在になることも、よく知っています。

小島さんは考えました。

「じゃあ、この応募者に恥じないようなものをつくらなければ」

そこで発想したのが、〝自然探検村〟です。

自然の山里をそのまま買い取って、そこで過ごしたり、泊まったり、あるいは保育を展開できるような場所をつくれないか。子どもたちが山のなかで駆け巡る、木登りする、そんな自然探検村をつくりたい、そう思ったのです。

1万2000坪の土地を取得

小島さんは、お義父さんに「自然探検村をつくりたい」と話をする一方で、あちこちの土地を見て回ります。

しかしそのうちに、遠方に自然保育の場所をつくっても、行く機会はそう多くはないことに気づきます。

考え直して改めて見回すと、柿生周辺には、まだまだ手つかずの自然がありました。

そこで、それほど遠くないエリアに絞って、山や野原、谷やせせらぎを求めて探しつづけます。

そしてある日、訪ねた土地を見て、「あ、ここだ」と、なぜかピンときたのです。

孟宗竹の茂るうっそうとした森に、3本の背の高い杉の木がぴょこんと飛び出ていました。

雑草や灌木をかきわけて入って行くとせせらぎがあり、池のように湧水が溜まった谷があります。

「山も、谷も、せせらぎもある。ここら一帯をぜんぶ使って、子どもたちの遊び場にしたい」

柿の実幼稚園からは車で10分ほど。すぐ近くというわけではありませんが、園バスを使えば、遠い距離ではありません。

小島さんは、この土地を買うことにします。

土地には大勢の地権者がいました。小島さんは1軒1軒を訪ねて交渉。地主さんたちのなかにも卒園児がいたりで、多くの人は快く買い取りに応じてくれました。

すべての交渉が成立したのは、2002(平成14)年のことでした。

ひとりで、深い森との格闘を始める

再び、山との格闘が始まります。

難物は竹でした。1平方メートルのなかに何本もの孟宗竹が育っている状態で、場所によっては直径15センチほどの太い竹の林もあります。

うっそうとした森で、昼間でも光も差さないような山でした。

そんな状態の、1万2000坪の面積です。柿の実幼稚園の裏山と同じように、ふつうであれば誰も、自分ひとりで手をつけようなどとは思わないでしょう。

しかし小島さんは、柿の実幼稚園の裏山の開墾のときと同じように、たったひとりで、朝早くから森に入っていきます。

1本1本、竹を切ります。

何メートルもある竹を切り倒すと、「ウワーン」としなる音が聞こえて、それから「バシャーン」と大きな音を立てて倒れます。

その音が、暗い森に響きわたります。

切っては倒し。

切っては倒し。

切った竹は、積み上げていきます。

濡れた地面にすべって転んだり、腕が疲れて感覚がなくなっているのに鉈を振りつづけたり。体中傷だらけになりながら、朝7時くらいから夜の9時、10時まで作業をつづけました。

昼間ひとりで働いていたら雨が降ってきて、もともと沼地なので、あっというまに池になってしまったこともあります。そんなときはどこにも動けないので、杉の木の根っこにつかまって、水が引くのを待ったりしていました。


夜遅くなって、翌朝早く作業するために、森に泊まったことも何回もあります。

狸も、狐も、蛇も、いくらでも出ました。

動物は火を焚くと寄ってきません。だから火をおこして、ずっと朝まで焚火の番をしたりしていました。

私も田舎育ちなので、夜の森の怖さがわかります。

奥深い森のなかは、夜になると漆黒《しっこく》の闇。

闇に閉ざされていても、生き物の気配はわかります。動物だけではありません。長く生きてきた樹木の、大きな存在感も感じます。

樹々は風が吹くと枝と葉がこすれあって、ごうごうとざわめきます。自分が米粒のように限りなく小さな存在に感じられて、心も細く頼りなくなっていきます。

そんな闇のなかで、火をおこし、ちろちろと揺れる炎をうずくまってじっと見ている小島さんの背中が見えるようです。

「夫婦喧嘩したときも、森に来て寝てましたね」と小島さんは笑います。冗談のようですが、大きさも深さも怖ろしさも含めた自然が、小島さんは本当に好きで、落ち着くのでしょう。

島で生まれ育った小島さんの、根っこのように思えます。

そのころ、ちょうど近所の役所を定年退職したおじさんが、手伝いに来てくれるようになりました。

一緒に倒した木を切って、小屋や遊具、アスレチックをつくったりしました。

〝根っこトンネル〟もつくりました。切った木の根を掘り起こして、土を落とし、積み上げて隙間をつくり、その空間で遊ぶような遊具です。

根っこはいずれ腐ります。腐ると危険です。

いまでこそ薬品を注入して腐らないようにしていますが、15年以上前のことなので、表面を焼いて、腐らないように処置していました。

鉈で大怪我をする

昼は、そんなふうに限界まで作業を続ける小島さんのところに、敦子さんや園の先生たちが、お菓子やお茶を運んできてくれました。

たまにはお弁当をもってきて、森のなかで、みんなで食べました。

ちょっとしたピクニックです。

ところが、ちょうど誰もいないときに、小島さんは怪我をしてしまいます。

竹を切ろうと鉈を振るったその瞬間、刃先がそれて、足をバサッと切ってしまったのです。

助けを呼ぼうにも、携帯電話もスマホもありません。やむをえず幼稚園まで這ってもどりました。

園は大騒ぎになって、すぐに病院に担ぎ込みます。何十針も縫うほどの怪我でしたが、翌日また、傷む足を引きずって森に向かいます。

怪我はやがて治りますが、そのころ小島さんは、いくつもの懸案事項を同時に抱えこんでいました。

自然探検村をつくろうと土地は購入したものの、深い森は、小島さんをなかなか迎え入れてはくれません。竹や木を切り、切った木や竹や枝を整理し、土地をならしていく、気の遠くなるような作業が続きます。

鉈で怪我をしたあとも、土日も休まず、朝の事務仕事を終えると夜10時、11時まで作業を続けるのですが、整地は遅々として進みません。

疲労はピークに達し、体が悲鳴を上げているような状態でした。

そんなところに、土地の元の所有者だった人に債務のあることがわかりました。その人は土地を売っておきながら、その土地を担保にして借りていたお金を返していなかったのです。

不慣れな債務の処理と新たな不動産取引に、小島さんは頭を痛めます。

そうしたストレスに疲労が重なって、とうとう脳梗塞に倒れてしまいます。

脳梗塞で倒れる

怪我をした年の秋の、ある夜のことです。

疲労困憊し、家に戻って寝ようとしたとき、「あれ、おかしいぞ」と気づきます。

右脚が固まってしまって、動きません。

「これが自分の脚か？　どうしたんだろう？」

敦子さんが心配しましたが、本人は根が丈夫で、体には自信があります。

「寝たら直る！」と、心配する敦子さんを説き伏せて寝てしまいました。

ところが、翌朝。

目を覚ますと、口が曲がっていて舌が思うように動かず、話をしようとしても言葉になりません。すぐに、敦子さんに付き添ってもらって病院へ行きました。

脳梗塞で、すぐに入院となりました。

話せない。右半身が動かない。

「このままの状態で、もう終わるんだろうか？」という考えが、一瞬、頭をよぎりました。

意識はあるけれど、しゃべれない。ただただ寝ているだけです。でも目は動いて、よく見えました。

病室には、次から次に、教職員や園児の保護者、各幼稚園の園長仲間が見舞いに来ます。子どもたちもひとりひとり、手紙を書いてくれました。寄せ書きも届きます。

それらを見ているうちに、小島さんはふっと思います。

「おい、寝ている場合ではないぞ」

1週間ほどたつと、ちょっと立ち上がれるようになってきました。

立ち上がれたら、リハビリです。リハビリルームで作業療法士に指示されたのが、積み木を手に持って、右から左へと動かす作業でした。

医療の現場では、ベーシックな作業療法なのでしょう。しかし小島さんは、くさってしまいます。

「こんなリハビリを、たった30分やるために、入院して1日中ベッドにいるのか」

そこでお医者さんを呼んでもらって、「私は歩けるようになったから、幼稚園に帰ります」と言うのですが、許可はしてくれません。

あたりまえです。決して、軽度の脳梗塞ではなかったのですから。


しかし小島さんはあきらめません。

翌日にまたお医者さんを呼んで、

「講演会があるので、退院させてください。区から、話をしてほしいと頼まれているんです」

まだ発話が元どおりとはいえず、話す言葉は片言でした。

「退院がダメなら、一時外出の許可をください」と頼みこむと、お医者さんは不承不承、書類にサインしてくれました。

車椅子で出かけて、講演を務めました。参加者は、ハンディキャップを抱えている子どもたちの、お父さんお母さんたちです。

口が思うように動かず、話すのもゆっくりなので、長い時間をかけて講演を終えました。参加者は聞きとりにくかったでしょう。けれど途中で帰る人は誰もいません。みんな、最後まで話を聞いてくれました。

脳梗塞後の体を押して講演に来た、その熱意が伝わったようでした。

ところが小島さんは、講演が終わると病院には戻らず、そのまま幼稚園に帰ってしまいます。いくらリハビリが我慢ならなかったとはいえ、脳梗塞で倒れてからまだ10日。医療関係者から見れば、とんでもない話です。

しかも、退院して静養するのであればともかく、以前どおりの生活のパターンを取りもどそうとしたのです。

園長になってから、小島さんは毎朝欠かさず、ひとり残らず、すべての園児と「おはようございますの握手」をしてきました。

幼稚園が休みでないかぎり、雨の日も風の日も猛暑の日も極寒の日も、園の正門の前に立って、1000人以上の園児たちと握手してきたのです。

頑固なまでに守りつづけた、小島さんの朝の日課でした。

だから病院から抜け出したその翌日から、当然のように、園の正門前に立ちました。

子どもたちとの握手が〝最高のリハビリ〟に

10日ぶりの、いつもどおりの子どもたちのお迎えです。

本人は「おはよう」と言っているつもりですが、声が喉に引っかかってうまく出てきません。立っているのも、めまいが激しくてつらくなってきます。

ときどき座って休みながらも、33学級、1000名を超える園児がすべて園のなかに入るまで、門に立ちつづけました。

その日から小島さんは、正門の前での、子どもたちとの朝の握手の日課を再開します。園長先生が久しぶりに来た！　と、子どもたちがうれしそうに寄ってきます。手のひらにそーっとさわる子。ぽんとタッチする子。きゅっと握手する子。それぞれの子どもたちとの、大切な朝のあいさつです。

小島さんは口をもごもごさせながらも、にっこにこしながら子どもたちの手を握りつづけます。

とてもちいさくて、とても柔らかな手。

しばらくすると、不思議なことが起こりました。

だんだんと体が動くようになり、口も回りはじめたのです。

「ああ、これなんだ」

毎朝、欠かさずに1000回以上「おはようございます」と言う。

1000回以上、子どもたちの手を握りしめる。

それも、しぶしぶ、イヤな気分でやるのではなく、うれしくてたまらない気持ちでくりかえす。

おそらくそれらのことが、最良のリハビリになったのです。

「自分は子どもたちに生かされている」

小島さんは心からそう思いました。

手には力がある、と言われます。

子どものころ、お母さんに「痛いの痛いの、飛んでけえ！」とさすってもらったら痛みが軽くなったような気がした体験は、誰にもあるでしょう。

怪我の治療をすることを「手当て」といいますし、世界のあちこちに、手のひらや指先を患部に当てて治癒させようとする「手当て療法」が知られています。

その科学的根拠についてはよくわかりませんが、手でふれることは、体調をよくしたり人間関係を円滑にするうえで、非常に有効な手段だとする心理学の専門家もいます。

運動機能面で言えば、「おはよう、と声に出す」「手を握る」という身体的な行為そのものに、リハビリ効果があったのかもしれません。

ただ私には、小島さんが、1000人の子どもたちの手から、無垢で清らかな、たくさんのエネルギーをもらい、それが早期の回復につながったように思えます。

放ってはおけない！

小島さんは「握手のリハビリ」を毎朝続けながら、まだ健康体とはほど遠い状態で、森の作業を続けようとします。

敦子さんは思いとどまるように説得しますが、言うことを聞きません。いてもたってもいられないのです。

結局、森に入って作業を続けようとしますが、右脚が動かないのでいきなり横倒しに転んだり、窪地のようなところに落ちこんだりの連続です。

枯れ枝を一カ所にまとめようとしますが、右手が思うように動かないので、脇にかかえこんで運ぶような有り様です。

体のあちこち、擦り傷だらけになりました。

ちゃんと治っていないのに、土曜日も日曜日も森に作業に出かける小島さんを見て、敦子さんは、「ぜったいにひとりにはしない」と決意します。

敦子さんも、森に行って作業することにしたのです。

森で、また倒れたりしたら、誰かに助けを呼ぶこともできません。そのまま時間がたったら、手遅れになってしまいます。

だから敦子さんも一緒に出かけ、用事などでやむをえず行けないときは、園の先生たちに同行を頼みました。

その話を聞いて、みんな、「放ってはおけない」という気持ちになったのでしょう。

園児のお父さんやお母さんたち。先生たち。みんなが、森の作業を手伝ってくれるようになりました。

自然のなかで一からいろいろなものをつくる仕事は、大人だって楽しいのです。

そのうちに、「サタデー夢の森」という会ができました。

毎週土曜日になると、100人、多いときは200人もの父母の会のみんながやってきて、作業をしてくれるようになったのです。

平日は、小島さんや敦子さん、何人かの先生たちが、竹を切ったり木の枝を払ったり、コツコツと作業します。

こういう仕事は、切ったものの処理が大変です。廃棄物にして業者にもっていってもらうと、量が量なので、大変な費用がかかってしまいます。

でも土曜日になると、「サタデー夢の森」の、１００人、２００人のメンバーがぜんぶ片づけてくれます。

みんなで頑張って、推定3万本あった竹は、夢の森の広場の下に埋められました。埋めた竹が地面を平らに保ってくれるので、一石二鳥でした。

「サタデー夢の森」のみんなが来てくれた日の、休憩時間のおやつはバナナです。10箱20箱の大きな箱にバナナをいっぱい入れて、みんなに配ります。バナナでエネルギーを補給して、「もうひと頑張り！」と言い合って作業を進めました。

みんな素人ですが、人海戦術の効果は絶大でした。ひとりで作業していたときとは段違いに開墾が進んだのです。

そんなふうにして出来上がったのが、「夢の森自然探検村」でした。

「俺も走る！」

当初は、右半身が不自由なまま森で作業をしていた小島さんですが、動くことに対する自信を回復させてくれたのが、幼稚園の運動会です。

運動会は毎年恒例の行事で、柿の実幼稚園にとって最も大事なイベントのひとつです。小島さんも毎年大張り切りで、進行役を務めるだけでなく、リレーやら何やら、いろいろな競技に参加します。

その年の運動会は、小島さんが脳梗塞になってから、まだ1カ月くらいしかたっていない日に予定されていました。

大運動会の当日。

めまいが激しく、走るのはとてもムリだと思っていた小島さんは、開会の挨拶をしたあとは車のなかで休憩し、一連の競技が終わったところで閉会式に出るつもりでした。

ところが。

園児のお父さんと先生方のリレーの時間になると、ムズムズ、ウズウズしはじめます。一緒に走りたくて、どうしようもなくなったのです。

少し迷って、でも車のドアを開けて会場に行きました。

「俺も走るから」

敦子さんも先生たちもぽかんとして、「リレーに出る」と言っているつもりらしいとわかると、一生懸命に止めました。

しかし、言い出したら聞きません。

みんなあきらめて、「走ったりしないで、歩いてくださいよ！」とか、「ゆっくりですよ！」などと、口々に言います。

もちろん、本人もそのつもりでした。

リレーには参加したい。けれど、ゆっくり歩くくらいのことしかできないだろうな、と、自分でも思っていたのです。

スタートラインに立つと、園児のお父さんたちもびっくりして、「大丈夫なんですか？」と声をかけてくれます。
小島さんは笑いながら、「いや、まあ、ゆっくりです」と答えます。

パーンと、スターターピストルの音がしました。
走りはじめました。
思ったより、脚が動きます。
若いお父さんたちに負けていません。
どんどん、夢中で走って——途中で息ができなくなりました。
「危ない！」と誰かの声がします。そう、自分でも感じました。
そのあとは、看護師の車で寝て、最後の閉会式だけ参加したのでした。

これもまた、医療関係者が聞くと、とんでもない話ですが、「走れた」ことで、小島さんはまた、自信をもって動けるようになりました。
「運動会で走らなかった年は、1回もない」というのが、小島さんの自慢です。大事にならずによかった、と言うしかありません。

夢の森自然探検村と幼稚園のスタート

「夢の森自然探検村」の開村式を行なったのは、2004(平成16)年のことです。幼稚園の園舎はまだつくっていませんでしたが、竹や杉だらけの1万2000坪の森を、みんなの助けを借りながら整備して、自然探検村をつくりました。

いま、夢の森幼稚園の入り口を過ぎて里山を行くと、田んぼが広がる田園風景になります。その横に大きく広がっていく山が、夢の森自然探検村です。

歩いて田んぼに行って、ドロンコになって、山のなかで遊んで、今度は園舎のあるほうの山を越えて、そこにバスが迎えにくる。

子どもたちは、そんなパターンで楽しんでいます。

翌年の2005年には、森の一部のしっかりと整地したスペースに、夢の森幼稚園の園舎を建てはじめます。同じころに、夢の森自然探検村広場ができ、いろいろな遊具も完成しました。

そして翌々年の2007年、柿の実幼稚園の姉妹園、夢の森幼稚園が設立されます。

ちなみに夢の森幼稚園のマークやデザインは、小島さんの「自然探検村をつくりたい」という気持ちを呼び起こした、愛媛から来た例の先生の考案です。

柿の実のホームページは、いまでもその人が制作しています。


のちに小島さんは、第2の自然探検村をつくります。

柿の実幼稚園の山の裏側にも、豊かな自然がそのまま残っている森がありました。面積は約1200坪です。

夢の森幼稚園ができたあと、小島さんは考えました。

「夢の森自然探検村だけでは足りない。幼児教育には、子どもたちが五感を研ぎ澄ませて遊び学ぶ、自然の原風景がもっとほしい。自然のなかで、憩いのひとときを満喫できる場、狭くてもあまり手を加えていない、いまの人の生活が目に入りにくい空間がほしい」

柿の実幼稚園の山の裏側にある森は、それにぴったりでした。

もともと、その土地の存在を知っていた小島さんは、「あんないい土地があるのに、何もしないのはもったいない」と、ずっともやもやした気持ちを抱えていたのです。

そんなとき、地権者から、畑や山を譲るという話が飛び込んできました。

お金のことを考えるとためらいはありましたが、残りの人生、背伸びをしてもいいじゃないか、と考えて、その土地を入手しました。

それが、柿の実自然探検村です。

1年をかけてつくった柿の実自然探検村の開村式は、2019（平成31）年の1月でした。

柿の実幼稚園には、もうひとつ、玉川中央に小鳥の森広場という施設があります。

夢の森自然探検村、小鳥の森広場、そして柿の実自然探検村。

この3つの施設が、子どもたちにとって、『トム・ソーヤーの冒険』の入り口になればいい。それが小島さんの思いです。

一也さんが遺したもの

2014（平成26）年に、お義父さんの一也さんが亡くなります。

小島さんによく「夢ばかり語る」と言って心配していた一也さんでしたが、最後には「後を頼む」と言って、幼稚園と小島の家を、丸ごと託して逝きました。

その日は柿の実幼稚園を含む法人の理事会や評議会があり、法人を立ち上げた一也さんが挨拶をすることになっていました。

評議会の会場にタクシーで行く途中、一也さんは小島さんに、ふいに改まった口調で言います。

「おまえ、頼むぞ。何があっても、幼児教育は絶やすなよ」

あとは黙って、タクシーを降りていきました。

評議会が終わって、会食が始まりました。

小島さんは「おや？」と、違和感を覚えました。50人以上の評議員の前で、いろいろなことを常になく熱く語るのです。

孫の哲史さんも挨拶しましたが、哲史さんの話を評議員の前で誉めたりするのも、ふだんはないことでした。

終わって、小島さんと一緒に帰宅すると、

「まだおまえ、仕事するのか」

と言います。

「はい、今日中にやっておきたいことがあるので」

「じゃあ、気をつけて仕事しなよ」

閉まっていた職員室を開けて、小島さんは仕事を始めました。

一也さんは池を超えて、自宅に戻りました。家まで、10メートルくらいの距離です。
それからしばらくたって、夜の10時ごろ。仕事していた先生が走ってきて、
「一也先生がっ！　車庫の前で倒れてます！」
小島さんがあわてて走っていくと、一也さんが倒れていました。
抱き起こして、自宅の玄関までかかえていきます。
すごく、軽く感じました。
その時点では意識はあって、小島さんに抱きかかえられていることに気がつくと、
もう一度、「頼むぞっ」とつぶやくように言い、そのまま救急車で運ばれました。

4、5日くらいして、一也さんは亡くなります。脳梗塞でした。
一也さんは市議会では議長を務めたこともあり、地域にとっての重鎮でした。

小島さんの心に強く残っているのは、その一也さんに最後に「頼むぞ」と言われた言葉の重さと、抱き上げたときの体の軽さです。

第6章

助け合う保護者たち

~ようやく笑えるようになりました~

健常児にとっての学び

柿の実幼稚園には、「受け入れ先のない子を、優先して受け入れる」という考えから、かなり重度の障がい児や、医療行為の必要な子が入園してきます。

そうした子どもたちにとって、同じ年ごろの友だちと一緒に遊んで、一緒に学ぶことは非常に大事です。小学校、中学校と成長していくにつれて求められる社会性は、幼年時に身につけたほうがいいからです。

心の面でも、大きな影響があります。多くの場合、障がいのある子はほとんど家にいて、外には出られません。せいぜい親に連れられて出かける程度で、刺激が多いとは言えない生活です。

そのため、人間関係も閉じられたものになりがちで、多くの場合、感情の起伏が小さくなるのです。

しかし、ほとんどの障がい児は、柿の実幼稚園に来てしばらくたつうちに、感情表現が見違えるように豊かになります。

「うちの子がこんなに楽しそうに笑って、お友だちと遊んで……」と、感極まったように言うお母さんたちがたくさんいます。

障がいのある子も、他の子どもたちと遊んでふれあうことで、心が活性化するのでしょう。


健常児にとっても、よいことがたくさんあります。

健常児には、障がいのある子や医療行為の必要な子は、車椅子だったり、言葉がわかりづらかったりで、自分がふつうにできることができない子です。

幼児には先入観はありません。先入観がないから、「かわいそう」とも感じません。

「かわいそう」は大人の感覚で、「ふつうにできる」と「ふつうにはできない」のギャップを意識した感情です。

幼児は、その子はその子として、ぜんぶ受け入れます。

だから、健常児の友だちが転んだら助けてあげるように、障がいのある子が転んだら助けてあげます。手が不自由でモノがつかみにくそうだったら、それも助けてあげます。

助けてあげたほうがいい子がすごく多いので、園児たちには、助けてあげる行為が習慣化するのでしょう。

柿の実幼稚園には、特に自分がよいことをしているなどとはまるで思わずに、困っている子を助けてあげる園児がたくさんいます。

大人はそれを見て感心しますが、園児たちにとっては当然のことなのです。

小島さんの信条である、

「みんな違って、みんないい」

を体現しているのは、園児たちかもしれません。

この子たちはきっと、差別意識のない人、物事にとらわれずにありのままを受け入れる人、やさしい人、思いやりのある人になるでしょう。

そしてこれは、保護者たち、お母さんやお父さんたちにとっても同じことです。

障がいをもつ子の親の「てくむのかい」

障がいをもつ子の親の苦労は、他人にはなかなかわかりません。障がいの程度にもよりますが、多くの場合、子どもの面倒をみるために付きっきりになってしまいます。頑張っているお父さんもたくさんいますが、平日はたいてい仕事なので、負担はお母さんに集中します。

お母さんは、子どもの世話の仕方やこれからのことに悩み、自由になる時間もなかなか取れないので、誰かに相談するようなこともできません。

だんだんと、家庭も暗くなっていき、家族そのものが周囲から孤立していきます。

すべての、とは言いませんが、そうした家庭が少なくないのです。

そうしたお母さん、お父さんのために、柿の実幼稚園では、障がいのある子の保護者が中心になって、「てくむのかい」を立ち上げました。

「てくむのかい」というのは、支援を要する児童の保護者の会です。

きっかけは、2004（平成16）年に、自閉症の女の子が2人、入園してきたことです。お母さんは、佐伯さん（仮名）という人でした。

佐伯さんは、2人の娘さんが入園したとき、小島さんにこんな相談をもちかけました。

「柿の実幼稚園には、自分たちのような支援を要する児童の保護者がたくさんいます。私もそうですが、みんな、ひとりで悩み、苦しんでいると思うんです。そういうお母さんたちと、情報や意見を交換できれば。相談しあえる、話しあえる会をつくりたいのですが」

小島さんはすぐに、「てくむのかい」をつくることにしました。

会の趣旨を説明する文書をつくって、障がいのある子の保護者に呼びかけたところ、みんな、それを待っていたように集まったのです。

「てくむ」というのは、ラテン語で「テ＝あなた」「クム＝一緒に」という意味で、英語で言えば〝with you〟です。

支援を要するハンディキャップをかかえる子どもをもつ親たちの、「いつまでも、わが子とともに生きていく」という思いをこめた集まりで、障がいについて勉強したり、日々の悩みを話し合ったりしています。

「てくむのかい」は、園に対して保護者の気持ちを伝える場でもあります。

健常児の保護者でも、初めての子を小学校に入れるときなど、不安なことがいろいろとあるでしょう。障がいをもつ子であれば、その何倍も心配です。

でも、ひとりひとりでは、なかなか声に出すことができません。だから「てくむのかい」で話し合って、会として園に気持ちを伝えるのです。


障がいのある子の保護者が共通して心配しているのは、子どもがいずれ小学校や中学に上がるときに、どんなことが起こるか、ということです。

こうした情報は、壁にぶつかり苦労してきた経験者が、いちばんよく知っています。だから「てくむのかい」では、「障がいをもつ子を育てた経験のある親」に話を聞いたり、お茶会を開いて情報交換をしたり、いろいろな活動を続けています。


以前、「てくむのかい」に、プロ野球の選手だったお父さんが入っていました。

そのお父さんは、自分の子どもが中学生、高校生になっても、ずっと「てくむのかい」に顔を出していました。

「てくむのかい」のお母さん、お父さんに、経験者としてアドバイス係を務めてくれていたのです。

経験者だからわかること、子どもの将来を本気で心配し、真剣に障がいに向き合ってきたからこそ、わかることがあります。実際に経験した人の話であれば、本当に大切な情報を伝えてくれるし、素直に共感しながら聞くこともできるでしょう。

障がいによっても、いまの悩みや、これから出てくる課題は違います。けれど「てくむのかい」では、例えば全盲の子の保護者は、先輩の全盲の子の保護者から体験談を聞いたりできます。

他ではなかなか出会えない当事者同士が助け合える。

「てくむのかい」は、障がいをもつ子の親にとって、非常に心強い会なのです。

障がいのある子の親を助ける「て・くんで歩む会」

「てくむのかい」は〝あなたと共に〟という意味のラテン語でしたが、「て・くんで歩む会」はそのまま日本語で、「手を組んで歩む会」です。

柿の実幼稚園が、受け入れ先のない障がいをもつ子を入園させてくれたとき、両親は本当に喜びます。

しかしそれでも、障がいのある子の保護者には、ふつうでは考えられない苦労があります。園の行事に行くこともできないし、数多くあるサークルに参加することなどとても考えられません。なかには、美容院に行く時間もとれず、追いつめられてしまっているお母さんもいます。

大変な思いをしているお母さんを見て、健常児のお母さんたちが声を上げてくれました。

「うちの子と様子が違うお友だちがクラスにいますけど、何か助けられることはありませんか」

「要支援のお子さんをもつお母さんたちの大変さを、少しでも軽くできれば……」

「支援を要する子たちをもっと理解したいのですが」

そうした声に応えて、「てくむのかい」の1年後に立ち上げたのが、「て・くんで歩む会」でした。

「て・くんで歩む会」は、

「何か困ったことがあれば、声をかけてください」

「お茶でも一緒に行きましょう」

「子どもさんを預かりますよ」

などのメッセージを出して、「てくむのかい」の会員をサポートしています。

現在の会員は300人くらい。来園するときは、みんなストラップに赤いリボンをつけて、「いつでも声をかけて」とアピールしているのです。


もちろん、障がいについての理解がないままでは、要支援の子の親の気持ちなどわかりません。無理解な人に対しては、「てくむのかい」の会員も、何かをお願いするのに抵抗を感じるでしょう。

だから「て・くんで歩む会」のメンバーは自分たちも勉強し、全盲の体験をしたり、専門家を呼んで自閉症の勉強会を開いたりしています。障がいをもつ子のお母さんたちをサポートすることで、自分たちも、人として、もっと成長しようとしているようです。

ここで、「てくむのかい」「て・くんで歩む会」の、4人のお母さんの体験を紹介しましょう。

◆柿の実に入って変わった、重度の障がいをもつ息子
――いまはもういないけれど、幼稚園で得たものがたくさんありました

倉橋啓子さん（仮名／「てくむの会」）

壮太くん（仮名）だから、柿の実に来てほしい

いまから7年前に、重度の障がいをもつ長男の壮太が、柿の実幼稚園を卒園しました。柿の実幼稚園に子どもを通わせることで、親子で大きく成長することができたと思います。息子が幼稚園に行けるかどうか、ダメ元で柿の実幼稚園に相談に行った日

のことは一生忘れられません。

私自身は、とてもふつうの幼稚園には通えないだろう、と思っていました。でも、柿の実幼稚園の評判を聞いていたので、ダメでもいいから話だけでも聞いてもらおうと、壮太と一緒に園長先生にお会いしました。

園長先生は笑顔で開口一番、「この子についてもらうのは、抱っこするから男の先生がいいかな？　それとも子育て経験のあるお母さん先生がいいかな？」とおっしゃったのです。まるで最初から入園するのが当たり前のように……。

私はその言葉が夢のようで「うちの子、こんなに重度の障がいがあるんですよ。それでもいいんですか？」と再度お聞きしたら、園長先生は「壮太くんだから、うちに来てほしいんですよ」とおっしゃってくださいました。

園長先生のその言葉を聞いて、その場に泣きくずれてしまいました。

園長先生は続けて、

「もしも定員が厳しくなるようなことがあれば、そのときはどこの園でもやっていけそうなお子さんを、ごめんなさいってお断わりしますからね」と。

でも実際には、柿の実に入りたい子どもがたくさんいる場合、入りたい子は皆、柿の実っ子にしてくれる。愛情深い園長先生には、感謝しかありません。

生まれながらに障がいのある息子は、柿の実に通いながら療育センターにも通っていました。そこで同じクラスのお子さんたちは、重度重複障がいのあるお子さんが一緒だったので、うちの子みたいに言葉も発せられないぐらい重い子たちは、コミュニケーションがほとんどとれないのです。

知的障がいが重くないお子さんは、話せる子もいるのですが、そうなると今度は親や先生にベッタリになってしまう。同年代のお子さんとのコミュニケーションがほしくて、幼稚園や保育園を探していたのです。

無条件で息子を受け入れてくれた柿の実に感謝

でも、当時は、家の近くに重度の障がいのある子どもを受け入れてくれる幼稚園や保育園はありませんでした。

療育センターで一緒のお母さんたちに聞くと、共生教育（障がい者と健常者がともに過ごす学びの場）をうたっているような幼稚園でも、いざ面談に行くと、

「ちょっとうちでは預かれないです」

と、断わられることも多いそうです。

ときには、「なぜお腹にいるときに、産むって決めたの？」と、幼児教育に関わっている立場の人から、ひどいことを言われたお母さんもいたそうです。

そんなことが現実にあるなか、まだ首もすわってないような息子を、条件なしに受け入れてくれた初めての場所であり人が、柿の実幼稚園の園長先生でした。

例えば、療育センターに行っても、「お母さんはついててください」と、言われてしまいます。また、何か用事があって、預かりデイサービスにお願いしても、受け入れてはくれますが、「しばらくはお母さんがついていてくださいね」「いつでも連絡がとれるようにしてくださいね」と言われます。

どんな場所にお願いしても、「いいですよ」という言葉に加えて、「でも…」と、条件をつけられることがすごく多かったですね。

小島園長はそうではなく、「こういう子のために柿の実幼稚園はあるんです」と言ってくださった。それだけが本当にありがたくて。思い出すたびに涙が出ます。

子ども同士の交流で奇跡が！

息子は、年中さんから柿の実幼稚園に通うようになりました。私がいちばん心配していたのは、他の子どもたちがどんなふうに息子と関わるのか、ということでした。

でも息子は柿の実に入って、親の私が思いもよらない行動を取りました。

柿の実幼稚園の園児たちは、基本、すごく元気なお子さんばかりです。うちの子は歩いたりはできないのですが、寝返りで移動はできる。なので、子どもたちがわーっと集まっていると、ゴロゴロ寝返りで移動して、お友だちの輪のなかに入って、一緒に遊ぼうとしていました。

本当にびっくりしました。

さらに驚いたのが、親子遠足に行ったときのことです。先生が子どもたちに「いまから〇〇をします！」と言うと、子どもたちはいっせいに「はーーい」と元気に応えるのですが、そのとき壮太もみんなと一緒に、「あーーっ」と言ったのです。

ちゃんとわかっているんだな、働きかけてあげれば、そういうことができる子だったんだな、と初めてわかって。親として新たな子どもの姿や成長が見られたのが、本当に嬉しかったです。息子は柿の実に来て、子ども同士の関わりを初めて経験して、大きく成長したと思います。

息子は、そんなにもお友だちが大好きな子だったんですね。それがわかったので、体調さえ崩してなければ、毎日、登園しました。

結局、付き添いもなく卒園できたことも、振り返ればすごいことだなと思います。園長先生は、子どもは子ども同士の関わりあいのなかで育つのですよって。本当にそう実感しました。

子ども同士の関わりと言えば、柿の実幼稚園での運動会にも、思い出がいっぱいあります。

お遊戯などは補助の先生がついていてくださるのですが、リレーでは息子は走れないので、お友だちが息子のバギーを押して走ってくれるのです。

いざ、壮太の順番になると、壮太はバギーを押してもらっているほうなのに、みんなが壮太を応援してくれるのです。

ふつうはバギーを押して走っているお友だちを応援しますよね。でも、みんなが「壮太くん、がんばれー！」と、大きな声で応援してくれるのです。感動でした。あの場面は一生忘れません。

いろいろな障がいがあることを知った

私は「てくむのかい」に参加していましたが、いろいろな気づきがありました。

これまで療育センターで交流する親子は、壮太と同じような重度重複障がいです。同じクラスの親子とは同じ悩みを共有できましたが、反面、障がいの度合いで、「うちの子のほうが大変」と比べてしまったり、同じ重度重複障がい同士ゆえに、「健常の子どもたちとの交流なんてとうてい無理」と思いこんでしまうことがありました。

その点、「てくむのかい」では、皆さん、いろいろな障がいをもったお子さん、親ごさんが集まるので、他の障がいのあるお子さんをもつお母さん、お父さんの苦労を知ることができたのは大きかったです。

これまでは、どうしても自分の子どもだけが大変だと思っていたところがありましたけれど、そうじゃないんだと気づきました。

発達障がいのお子さんをもつお母さんからの話を聞くまでは、そのつらさや苦しさを理解することはなかったと思います。

柿の実で過ごした幸せな時間を経験したことで、小学校は養護学校ではなく、学区の小学校で近所のお友だちと通うことを選びました。おかげで、壮太の味方になってくれるたくさんの人たちと出会うことができました。

柿の実での最初の１年目は、いろんな病気をもらってしまって、通えたのは１年で３分の１くらいでした。

幼稚園に来ないと免疫はつかないですよね。年長さんになると、ほとんど休まずに登園できるまでに丈夫になりました。

壮太は、２０１８年６月28日に、天国へと旅立っていきました。13歳でした。息子はもういないけれど、柿の実幼稚園で得たものはたくさんあったと思います。感謝しかありません。

◆運動会リレーで、歩行器で「走る」娘に「すみれちゃんコール」——たくさん助けてもらったから、今度は誰かをサポートします

立花美和さん（仮名／元「てくむのかい」、現在「て・くんで歩む会」）

歩行器で参加したリレーで大声援

娘のすみれ（仮名）は現在、小学6年生です。もともと双子でしたが、もうひとりのきょうだいは残念ながら死産でした。

すみれは未熟児で、脳性麻痺を患っています。当初は立ったり座ったりもままならない状態でした。

療育センターに通いながら保育園に通わせていましたが、幼稚園にも通わせたいという思いが強くなり、いろいろな幼稚園に出向いては面談を受けてみました。

でも、車椅子に乗っていると、受け入れていただける幼稚園がなかなかありません

でした。幼稚園の見学で、他のお母さんがいるときには受け入れOKと言っていたのに、あとから別室に呼ばれて、「なに、この子、歩けないいんじゃない？　だったら無理です」と言われたこともあります。

近所で評判の園だったから、よけいにショックでした。

でも柿の実幼稚園に通うことが決まって、本当によかったです。

担任が新任の先生と聞いて、最初はかなり不安だったのですが、新任とは思えないほど、クラスをまとめてくれていました。

初めての運動会のときは、さすがにうちの子は見学かと思っていたら、先生から電話がかかってきて「すみれちゃんを走らせたい」と。先生が、みんなと同じように歩行器のすみれを並ばせてくれたときは、本当に感動でした。

年長さんになってからも、運動会ではトラック1周するのですが、先生が「すみれちゃん、歩かせたほうがいいよ」と、歩行器でゆっくり歩くすみれに先生が伴走してくださいました。

娘本人は、風をきって走っているつもり（笑）。でもヨチヨチ歩いているので、ほかの走者からどんどん抜かれていくんです。

それまでうちのクラスはトップで走っていたのですが、子どもたちもお母さんたちも、すみれちゃんのせいで抜かされたというのではなく、「すみれちゃん、頑張れー」と、すごい声援を送ってくれて。

最後には、すみれちゃんコールがわきあがるくらいでした。

また、幼稚園の裏に大きい山があるのですが、そこに遊びに行くときも、先生がすみれを支えながら、ロープをつたって山を登っていったそうです。その話をあとから先生に聞かされてビックリしてしまいました。

山の上には長い滑り台があるのですが、すみれもやりたいということで、先生が何度も何度も山に上がって、長い滑り台を、すみれと一緒に滑ってくださったそうです。

先生は、お友だちがみんなあたりまえのようにやっているので、すみれちゃんにもさせたい、と。

私が迎えに行ったときも、滑り台で遊んでいました。「すみれちゃんがもっと遊びたいって言ってくれるから」と、汗だくで往復してくれている先生の姿を見て、何を大事にしている幼稚園なのかということを改めて思い、本当にありがたかったです。

「て・くんで歩む会」に参加してサポートする側に

私は、すみれのときには「てくむのかい」に参加していましたが、その7年後に息子が生まれて柿の実に入園してからは、「て・くんで歩む会」に参加しています。歩む会に入れてもらって、今度はサポートできたらいいな、と思っています。

いままでは、自分が雨の日に登園するときに傘をもっていてくれたら助かる側だったので、今度は傘をもってあげたいな、と思ったのです。

そのときに、胸に赤いリボンをつけていると、声をかけやすいですよね。いきなり知らないお母さんに声をかけるのは、やはり勇気がいるのです。

自分自身もすみれのときに感じたことですが、ハンディキャップをもつお子さんの親ごさんが困っていても、いま声をかけるのは、実は迷惑かもしれない、もしかすると「見ないでください」と思っているかもしれない、と考えてしまうのです。

手助けする側とされる側のどちらの気持ちもわかる状況なので、いまはむずかしく考えずに、サポートしていこうと思っています。

心のダイヤモンドをいまも胸に！

卒園時には、園長先生が子どもたちに「心のダイヤモンド」をくださいます。四角い形をしたメダルに、ダイヤモンドをイメージした石が埋め込まれたものです。

誰の心にもダイヤモンドがある。困ったときは、この心のダイヤモンドを見て輝こう、という意味をこめて、卒園する柿の実っ子には必ず贈られるのです。娘は小学校になっても、「心のダイヤモンド」を、ランドセルにずっとつけて登校していました。だいぶボロボロになってきちゃいましたけれど、いまでも大事にしています。

私は、柿の実幼稚園でイヤな思いをしたことが一度もありません。

お母さん同士のママランチ会に参加しても、はれものにさわるようにするわけでもなく、ただの「すみれちゃんのお母さん」として接してくれていたので、心がほぐれました。

幼稚園のお友だちの男の子で、「すみれちゃんと手をつなぎたい」と言ってくれた男の子がいました。一緒に歩くことはできないので、どうするのかと思ったら、バギーに乗ってるすみれの横に行って、手をつないで一緒に歩いてくれたのです。

子ども同士って自然にそういったことができるんですよね。彼は、地域の小学校に行って、娘は支援学校に行ったのですが、いまでも交流で地元の小学校で月に1、2回行くと、必ず「すみれちゃん、待ってたよ」と話しかけてくれるそうです。

柿の実で培ったお友だち関係が、いまでもすごく生きていて、仲よくできているのも、すごくうれしいことですよね。


入園当時は、笑うことができませんでした。すみれが赤ちゃんのときに、ひとり亡くしているので、残された娘をどうやって育てようかと考えると、怖かった。でも、柿の実に来てからは、いろいろな人に気持ちをほぐしてもらい、助けてもらいました。いまでは私、笑いすぎかも(笑)。

家族の雰囲気も変わりました。以前、家で洗濯物をたたんでいたときに、普段から穏やかな夫が、ポツリと、こんなふうにつぶやきました。「ママが笑わないと、うちのなかが暗くて寂しいな」と。

それが柿の実に入ってから、夫に「元のママに戻った、笑うようになって嬉しい」

と言われたのです。

今日も、息子の送り迎えです。何だか、柿の実の門をくぐると元気がもらえるんですよね。

◆障がいのある子とない子の双子。2人一緒に幼稚園に通わせたくて柿の実に――入園前は笑えなかったけど、いまは笑いすぎと言われます

南田順子さん（仮名／「てくむのかい」）

30件以上、入園を断わられつづけて……

私の家では、双子の男の子の上の子の航（仮名）が脳性麻痺で車椅子生活で、下の子が健常児です。2人ともふつうの小学校に通っていて、いまは4年生です。

やはり双子なので、同じ幼稚園の入園式で一緒に門をくぐりたい、というのがひと

つの夢でした。さすがに小学校は無理かなと思っていたので、せめて幼稚園は一緒に、と思ったのです。

そこで、当時、住んでいた地域で幼稚園を探しはじめました。30件くらいの幼稚園に電話をかけたのですが、すべて断わられました。どの幼稚園でも「歩いて登園が条件ですけれど、歩けますか？」と言われたり、「うちの園は階段があって、バリアフリーではないので車椅子は無理ですね」と断わられたりしたのです。

やっと受け入れてもいい、と言ってくれた幼稚園が見つかったのですが、いざ面談に行くと、「お母さんがずっと一緒に付きそってくれるなら」と言われて……。悩みましたが、結局、断わってしまいました。

それでもあきらめきれなかったので、いっそのこと全国規模で入れてくれる幼稚園を探そうと思って、ネット検索で「障がい児の親の会」で検索してみたのです。すると、「てくむのかい」がヒット。柿の実幼稚園の存在を知ることができました。「障がい児の親の会があるのなら、すごくいい幼稚園に違いない」と直感して、すぐに柿の実幼稚園に電話をしたら、「どうぞいらしてください」との返事でした。

でも、これまで30件以上断わられつづけていたので、心は疑心暗鬼でした。内心では、「そんなこと言っても、結局、無理でしょ」と思っていたのです。

とはいえ、とにかく足を運んでみることにしました。

ただ夫の勤務地は埼玉県の川越市です。神奈川県の柿の実幼稚園までは遠く、当時住んでいる場所からだと、2時間かけて面談に行くことになります。あきらめ半分、一か八かの気持ちでした。

ところが、息子たちを連れて小島園長と面談させていただいたら、すんなりOKをいただいて。私自身、幼稚園に通うということがすごくハードルが上がっていた分、受け入れてくださる事実が、しばらく信じられない気持ちでした。

でも、あきらめなくて本当によかった。双子そろって年少さんから入園するという夢が、とうとう現実のものとなったのです。

1年で言葉をうんと話すようになった

夫も、柿の実幼稚園に子どもたちを入園させたいという思いは同じだったので、入園の時期に合わせて、幼稚園の近くに転居しました。

夫の会社までは、電車の乗り換えを3回しなければなりませんでした。片道2時間もかかりますが、それでも子どもたちの入園のためなら、と言ってくれた夫の言葉を、いまでも忘れません。

障がいのある双子のお兄ちゃん、航は、将来、話せるか、自分でご飯が食べられるか、そのあたりも成長してみないとわからない、と医者からは言われていました。入園当日の2月に3歳になったばかりで、航はまったく話せず、こちらの話すことは何となくわかる、という状況でした。

入園が決まったことの安堵の気持ちと同じくらい、本当に幼稚園でやっていけるのか、不安で仕方がありませんでした。

それまで航は、家族や親戚、兄弟だけの交流で3年間すごしてきました。ときどき行っていた療育センターでは、小一時間ほど、大人としか接していません。はたして同年代の、それも健常のお子さんたちとやっていけるのか、心配しかなかったのです。

でも、そんな心配をよそに、航は幼稚園に入ってからの1年で、ものすごく言葉をしゃべるようになったのです。

まわりにご飯を食べている子がいたら、自分でもやってみようという意欲がどんどん出てきて、何に対しても「僕もやってみたい、僕もみんなと同じようにやる！」と、目まぐるしく成長していきました。

知的な面でも、何とか小学校で勉強ができそうだ、と。

まさかふつうの小学校に双子で入れるとは、思ってもみなかったことです。

「双子で歩いて卒園式を迎えよう」

園長先生は、航を迎え入れるとき、まったく歩けなかった航に、「双子で、手をつないで歩いて、卒園式を迎えようね」と、声をかけてくれました。

運動会でも、息子は、みんなと同じように競技に参加することに。

親からすると、毎日一緒にいるので、あまり無理なことにチャレンジしようとは思えないのですが、柿の実の先生たちは、「いやいや、航くんならできるよ」と励まして、チャレンジさせてくれるのです。

一歩先を進んだところの視点で、息子のことを見ながら、みんなと同じ状況をつくりだして、その場に置いてくれた。みんなと同じようにできた、という達成感を親子そろって味わわせてくれたのです。

同じ幼稚園に通ったことは、兄弟の結束、一致団結にもつながったと思います。2歳までは健常の子を保育園に預けて、航を療育センターやリハビリに連れていく生活でした。実際、双子で一緒に過ごす時間がほとんどありませんでした。

ですが柿の実に入ってからは、一緒の時間は増えたので、すごく騒がしくなりました（笑）。みんなのなかで頑張っている相方を見て、お互いをすごく気にかけるようになったと思います。

例えば、航の用事で雨のなか、待っていなければならない状況のときも、「じゃ僕も本を読んで一緒に待ってようかな」って、相手を思いやるような気持ちが芽生えてきましたね。いまでもすごく仲がいいのが、親としてうれしいです。

「てくむのかい」で孤独から救われた

私は年少さんで「てくむのかい」に参加したのですが、自己紹介のとき、みなさん号泣するんです。

柿の実幼稚園に入るまで、みなさんすごく孤独と戦ってきたので……。

まさかわが子が幼稚園に入れるなんて、と。

「てくむのかい」は柿の実幼稚園の親の会ではあるけれど、そこにいるだけでも感極まって号泣してしまうのです。

そこから3年たって年中さんになるころには、どのお母さんたちもふつうにニコニコのママになってるんですね。卒園のころには、「なつしいね、年少で入園のころ、何かと泣いてたね」って、思い出話に花を咲かせるのです。母親も、柿の実幼稚園で、子どもと一緒に強くなれるのだと思います。


私は、柿の実に入る前は、ほとんど笑わない日々でした。「一生、家で介護することになるのだろうな。外で働けることもないだろうし、ずっと子どもを支えていく人生なんだろうな」と、先が見えない毎日に暗い気持ちにしかなれなかったのです。

でも、それがすっかり変わりました。

幼稚園に預けているあいだは私も、ひとりの時間をつくれるようになりました。このことも、ずいぶんと心にゆとりができた理由だと思います。

私、いま、憧れていた幼稚園児のママなんだ、と思うだけで気持ちがパッと明るくなりました。柿の実で過ごした3年間で、笑えるようになったことも、本当にありがたいと思っています。いまじゃ、笑いすぎって言われるくらいです（笑）。

◆ムリなく、「自然に頼んだり頼まれたり」がいい——そんな輪をつくるために、「赤いリボン」を考えました

香田なつきさん（仮名／「て・くんで歩む会」会長）

気負わず、橋渡しの役を担って

私は、小学6年生の娘が年少から柿の実幼稚園に通っていたことがきっかけで、園長先生から「事務員として働いてほしい」と声をかけられました。

いまは下の子を年長に通わせながら、保育園の事務員と、「て・くんで歩む会」の

会長を務めています。

「て・くんで歩む会」の代表になってから、2年たちました。

実は私は、上の子を柿の実に通わせているときは、「て・くんで歩む会」の存在は知らなかったのです。

でもその後、同じく柿の実にお子さんを通わせているお母さんで、「て・くんで歩む会」の前代表をしていた方と知り合いになりました。彼女を通じて、ハンディキャップをもつお子さんの親ごさんへのフォローだけでなく、健常児の親ごさん向けに車椅子の体験会や、目が見えないというのはどういうことなのかを、親子で体験してもらう勉強会をしていることなどを知ったのです。


そのお母さんに誘われるまま、活動のお手伝いをしていたある日、彼女から、「あなたに会長を引き継いでほしい」と依頼されました。

私は迷わず、「私でよければ、ぜひ！」と即答しましたが、自分が会長になってみて、すぐに壁にぶつかってしまいました。

「て・くんで歩む会」は、ハンディキャップをかかえるお子さんのデリケートな部分と、そのお母さんたちのデリケートな部分に配慮しながらの活動になります。保護者のなかには、「て・くんで歩む会」の趣旨を理解しながらも、どこまで気をつかうべきなのかわからず、参加するのをためらう人もいます。

自分の子どもが健常児だと、ハンディキャップのあるお子さんや親ごさんの気持ちや現実を理解してあげられないかもしれない、と気にされるお母さんは少なくありません。

何か力になりたいけれど、どこまで踏み込んでいいのか……これが最大のテーマだと思います。

赤いリボンは「お手伝いします!」のサイン

そこで、いろいろ考えました。

無理なく、頼んだり、頼まれたり。それを自然に行ないながら、お互いの理解の輪が広がるようにするには、どうしたらいいのか……。

思いついたのが、赤いリボンをつけることです。

例えば、「てくむのかい」のお母さんたちは、雨の日に車椅子で登園する際、ちょっと傘をもっていてくれたら、荷物をもっていてくれたら助かるな、と。

でも、なかなか見ず知らずの人には頼めない。逆に手を差しのべるほうも、ここで手伝ったほうがいいのか、よけいなお世話なのか、いろいろ気をつかってしまって、結果、何もできないということがあります。

でも、赤いリボンをつければ、「何か困っていることがあれば、いつでも声をかけてください」「私たち、歩む会のメンバーです。お手伝いしますよ」というサインになると思ったのです。

赤いリボンは「てくむのかい」のお母さんがたがつくってくださいました。

自分たちがつくったリボンをつけているお母さんだと、なおさら声をかけやすくなりますよね。

ですから、「て・くんで歩む会」のメンバーは、まずはこのリボンをつけて、「いつでも手を差しのべますよ」という姿勢でいられたらいいな、と思います。

別に、「お世話しましょう」と気負う必要はないのです。普段どおりに、自然に仲間になれたらいいな、と。そういった橋渡しができればうれしいな、と思っています。

兄が突然、障がい者に

「て・くんで歩む会」の会長をお引き受けしたのは、兄のことが頭にあったせいもあるかもしれません。

4つ上の兄が障がい者で車椅子なのです。私自身の兄は26歳のとき、風邪が重症化して髄膜炎になり、ある日突然、半身不随になりました。当事者の兄はもちろん、両親の悲しみもすごかった。

親としては、この先、兄を一生介護していかなければいけない。兄は成人してから障がい者になったので、当初はオムツを替えてもらうことにはすごく抵抗がありました。毎日、兄に対しても、親に対しても、お互いの葛藤のあいだに立って私に何ができるのだろう？　と考えつづけました。

やがて兄は、自由を奪われた生活になったのにもかかわらず、暗い顔ひとつせず、リハビリに励むようになりました。

その兄がある日、私にこう言ったのです。

「本当はものすごくつらいけれど、そういう顔をすると、みんなが気をつかって離れていってしまう気がする。それが恐かったから、ふつうにすごしているだけなんだ。だからおまえも俺を特別扱いしたり、気をつかったりしないで、ふつうにしていてほしい」

兄が心のうちを明かしてくれたのは、後にも先にもこのときだけです。

そんな兄のこともあり、ハンディをもつお子さんのお母さんたちの苦悩もよくわかります。子どもたちをみんなで一緒に育てていくことがいかに大切か、ということも、痛いほどわかるのです。

一緒に悩みたいな——、これが「て・くんで歩む会」のお手伝いを引き受けることになった理由だと思います。

私は、「て・くんで歩む会」の代表だけでなく、卒園文集委員も担当しています。文集委員になった2017年に、柿の実幼稚園が「日本でいちばん大切にしたい会社大賞」の厚生労働大臣賞を受賞しました。そのことをどうしても文集に書きたいと、園長先生に頼んで特集を組ませてもらいました。

「てくむのかい」のお母さんたちにもお話をして、取材協力してもらい、文集を通じて「てくむのかい」「て・くんで歩む会」のことを広めたいと思ったのです。

卒園文集に思いを託して

文集の制作は、準備から刊行まで、1年かけます。35人のメンバーで、表紙担当、取材担当など部門別に分かれて進行します。

私は企画担当だったので、「日本でいちばん大切にしたい会社大賞」の企画を考えて文集にまとめる作業を行ないました。

春にテーマを絞って分担を決め、夏には素材集め。その間に、お母さんたちに文集原稿を書いてもらうお願いをします。

秋の運動会が終わると、保護者の皆さんも文集に書くネタができるので、第一回目の原稿を集める作業があり、冬に第2弾の原稿を集めたら、1月から製本作業に入る、という流れです。

文集づくりは、本当に楽しかったです。昔は園長先生がおひとりでつくっている時代もあったそうですが、毎年、親ごさんたちが熱く語られているので、それを何とかつないでいきたいと思っています。

文集をつくるなかで、どうやったらみんなに見てもらえるか、と考えることで、私自身、視野も広くなりました。

あとは、保護者同士のつながりがすごく広がりましたね。いろんな方に名前を覚えてもらったり、声をかけてもらったり。文集を楽しみにしている親ごさんがたくさんいることも知りました。

毎回、涙をぬぐいながら読んでいます、と言ってくださった方もいました。

もちろん、保護者全員が読んでいるわけではないと思います。だから少しでも多くの方々に読んでもらえるような文集づくりを通じて「て・くんで歩む会」の存在を知ってもらうことが、これからのテーマでもあります。

私自身も、下の息子が柿の実に通っていることもあり、親としての立場で文集に書かせていただきました。

最近、上の娘が「私、看護師さんになる！」と言うようになりました。

兄のこともありますが、やはり柿の実で出会ったお母さんたちとの交流は、私だけでなく、子どもたちにもしっかり受け継がれています。

それがいちばん、うれしかったことですね。


どれも胸に迫る体験だと思います。


人を助けることも、人に助けられることも、どちらも、とても意味のあることだと思います。上とか下とかはありません。

困っている人を助ければ、自分を誉めてあげることができます。するとその人は、もっと前に進むことができるようになります。

困っているときに助けてもらえば、おのずと感謝の気持ちがわいてきます。感謝の気持ちが、人としての価値を高めてくれます。

助けてあげようという気持ちと、助けてもらいたいという気持ちがつながったところに、温かいきずなが生まれます。

考えてみると、私もこれまでずいぶんと人に助けられて生きてきました。私だけではなく、人はみんな、誰かにたくさん助けられて存在しているのだと思います。


助ける人も誰かに助けられているし、助けられている人も、誰かを助けている。

困ったとき、苦しいときは、遠慮なく助けてもらえばいい。助けてもらうことは、誰かとつながるチャンスです。

助けを求められた人は、自分にできることであれば、ちゅうちょなく助けたほうがいい。助けることも、誰かとつながるチャンスだからです。

お互い、チャンスをむざむざと見逃す手はありません。


そして助けられたら、そのことをいつまでも忘れずに、今度は自分が誰かのために何かできないかを考える。

助けたら、そのことはすぐに忘れて、自分が困ったときには誰かに頼ればいい。

小島さんの言う、「してあげて忘れる手、してもらっていつまでも忘れない手」の意味も、そういうことかもしれません。

第7章

すべてを支えるスタッフたち

~園児のお母さんが職員に、卒園児が大人になって先生に~

地域の強豪バレーボールチーム

柿の実幼稚園にはたくさんのサークルがあります。

『柿の実幼稚園50周年記念誌』によると、最初にできたサークルは、1977（昭和52）年創立の「コーラス柿の実」で、クリスマス会などで園児に歌声を聞かせています。お母さんたちが動物になりきって歌って踊るのは、「森のうたごえ」。「サークルおはなし」は、9月のお誕生日会でのホール公演のほか、絵本の読み聞かせや人形劇、手遊びなどを子どもたちに教えています。

ママさんバレーのチームは、地域の幼稚園対抗の大会で、5年連続優勝を3回という地元の強豪です。バレーボール部結成以来40年ですが、その間の試合で半分くらいは勝っているというのですから、他の追随を許さない圧倒的な強さです。

もともとは、地域の幼稚園団体の会合で、各幼稚園から出席した園長たちから、「お母さん同士の交流をしてはどうか」という提案があったのがきっかけでした。

「それはいいね」ということになって始めたのは卓球大会でしたが、なぜか1年で終わり、次に開催したのがバレーボール大会でした。

当時、柿の実幼稚園全体で15人の役員がいたので、役員を中心に保護者と先生たちからなる15チームを編成、園内対抗バレーボール大会を開きました。そこから選手を選抜したチームをつくり、幼稚園対抗試合に出場して見事に優勝。

その後も、バレーボールチームは勝ちつづけます。そのうちに、あまりにうまい人が多くて選手を選び切れなくなり、「柿の実Aチーム」と「柿の実Bチーム」の、2つのチームで大会に出ることにしました。

ところが結局は、決勝戦で柿の実幼稚園「Aチーム」と「Bチーム」が対戦することに。

ふたつのチームの監督はできないので、小島さんは困ってしまいます。もっとも、他の幼稚園の選手からすれば、「柿の実さんのなかで、勝手にやればいいのに」という気分だったかもしれません。

劇団もオーケストラも！

劇団もあります。「演じーる」というサークルです。

園児やお母さん、お父さんのために、幼稚園に劇団を呼んで観劇会を催していました。多摩市民ホールなどに、観劇に行ったこともあります。

しかし劇団を呼んで観劇をすれば、100万円、200万円の費用がかかります。そんなあるとき、小島さんは、「この観劇会、自前でできるんじゃないか？」と思いつきます。というのも園に、学生時代に演劇をやっていた先生がいたからです。

これだけ大勢の保護者がいるのだから、なかには演劇経験者もいるのではないか、そう考えて募ると、びっくりするほど多くの人たちが手をあげてくれたのです。保護者のなかには、劇団四季にいた人たちもいました。

そこで、2009（平成21）年につくったサークルが、「演ジール」です。脚本から何からぜんぶ自前で、公演を続けています。

子どもが卒園していくと、OBは参加回数が減って現役中心になります。しかし、劇団をやっていたお母さんたちのなかには、子どもが卒園すると柿の実学園を職場にして、保育園の先生や幼稚園の補助の先生をしながら土曜、日曜に「演ジール」で稽古をして、披露してくれている人たちもたくさんいます。

オーケストラの生演奏も、年に4回ほど園児に聞かせています。演奏するのは、「サークルドレミファ」で、卒園の前のお別れ演奏会やファミリーコンサートで、生演奏を披露してくれています。

サークルが生まれる前から、幼稚園ではピアノやバイオリンの得意なお母さんたちに、卒園式の謝恩会などで演奏をお願いしていました。そのお母さんたちを見て、園児たちは憧れを感じているようでした。

そこで小島さんが、「サークルをつくりませんか?」とお願いして集まってもらったのが、「サークルドレミファ」です。最初に参加したメンバーのなかには、東京フィルハーモニーのバイオリンの第一奏者の人もいて、OBとしていまでも演奏してくれています。

幼稚園の2階ホールで、「サークルドレミファ」が、卒園前の〝お別れ演奏会〟の練習をしているところを見せてもらいました。

ホールに響き渡るバイオリンやビオラ、ピアノの生演奏は大迫力です。ハーモニーが、振動になって身体に伝わってきます。素晴らしい歌声のコーラスも入って、スポットライトもバッチリ。本物です。

これほど大人にも響く生演奏、小さな子どもたちにとって忘れられない体験になるに違いありません。


柿の実幼稚園には、他にもいろいろなサークルがあります。

「自然に親しむ会」は、食べること、つくることが好きな保護者が集まって、韓国料理、陶芸体験、イチゴ狩りなど、活動内容も自然体です。

夢の森自然探検村づくりを担った「サタデー夢の森」は、発展的に変身して「狸の会」となりました。土曜日の午前中に「ひと汗かくか！」と思ったら、夢の森自然探検村で「楽しい、安全な遊び場」づくり。ときには夜の「お父さんコミュニケーション」に変身したり、「家族を大事にする会」になったり、いろいろです。

多くのサークルが活発に活動を続ける柿の実幼稚園。保護者が、子どもが卒園したあとも、ＯＢとして参加したくなる気持ちもよくわかります。

スタッフは「家族」の大きな集合体

いろいろなサークルに先生や職員が参加したり、保護者ＯＢが職員になったり、かつて園児だった子が先生になったり――柿の実を愛する人たちが混然となって幼児教育に取り組んでいるのが柿の実幼稚園です。

特にスタッフは、小島さんの自慢です。

柿の実幼稚園の職員に限ると１８０名くらい、夢の森幼稚園と保育園を含めたグループを合わせると７００名を超えるくらいのスタッフが、柿の実学園で働いています。

幼稚園教諭は幼稚園で、保育士は保育園で働きます。

医療関係者は看護師が中心で、現在６人が常駐勤務しています。

柿の実幼稚園のスタッフで特徴的なのは、卒園児が成長して教諭として就職したり、卒園児のお母さんたちが教諭や看護師、保育士、事務職として働いているケースが多いことで、100人以上の人が該当します。

なかには、夫婦で勤めたい、という人たちもいました。

「自分の子どもを入れたい会社はよい会社」と言われますが、柿の実は、それほど「よい幼稚園」なのでしょう。

職場結婚もたくさんあります。これまで、20組ぐらいが結ばれました。夫婦勤務も3組。小島さんの家族も入れれば6組の夫婦が働いています。

小島さんと敦子さんはもちろんですが、娘さんもご夫婦で勤務中。息子の哲史さんは、柿の実学園の理事長で、夢の森幼稚園の園長先生です。小島さん夫婦の孫も、園で働いています。

用務員として畑などの作業をしている80歳の方がいますが、彼の娘さんも職員として働いています。

2018年の4月から、保育園の職員になった女性がいます。彼女のお子さんは、

30年前くらい前に、柿の実幼稚園に車椅子で通っていました。

そのお子さんは、前年に亡くなりました。二十歳を過ぎたら、いつ亡くなってもおかしくないと言われていた人です。

大切な子。これまですべてを犠牲にして介護してきた子。母親が生きる理由でもあった子。

その子を亡くしたお母さんの喪失感を思えば、何も言えなくなります。

そのお母さんは、子どもが卒園してからはずっと、柿の実幼稚園とは接点がありませんでした。

でも子どもが亡くなって、柿の実のことをなつかしく思い出しました。そして、「いつまでもくよくよしてちゃいけない」と、幼稚園を訪ねてきたのでした。

お母さんに経歴を聞くと、ある行政機関で働いていたとのこと。小島さんはすぐに、保育園の事務職として来てもらうことにしました。

こうしてまたひとり、柿の実幼稚園の「心」をもったスタッフが増えました。

大人になった卒園児や卒園児のお母さん、父娘、母娘、夫婦——柿の実幼稚園は、来る者を拒まない、家族の大きな集合体のようです。

子どものいる保育士や教諭が働けるように

また柿の実では、2016(平成28)年に企業主導型保育事業のしくみができてから、幼稚園のスタッフのために、保育園の設立に力を注いできました。あかとんぼ保育園、とちの実保育園、しいのみ保育園と、次々に開園したところです。ほかにも、小規模で学童保育もやっている保育園や、病児保育に取り組むところもあって、全体で10保育園にもなります。

幼稚園や保育園の先生や職員には、仕事を続けるうえでのネックが2つあります。結婚・出産と、介護というライフステージで、職を離れる人が少なくないのです。しかし、企業主導型保育事業の保育園があれば、いろいろな問題が解決します。出産であれば、出産後に自分の保育園で子どもを預かってもらって働けばいい。柿の実幼稚園グループのなかで預かれるようにすれば、子どものために保育園を探し回ったり申請したりの「保活」をしなくても、スムーズに仕事に戻れるようになるでしょう。

子どもを職場に連れて行って、預かってもらって、自分は保育園で働く。

そうすると、送り迎えの時間がいらない。

連絡を密にとれるから、安心して働ける。

それだけ余裕ができて、子育てや家事をちゃんとできるし、休むこともできる。

そう考えて、小島さんは次々と保育園をつくりました。

企業主導型保育事業の保育園が整備されたことで、お母さんやお父さんの保育士や幼稚園教諭は、柿の実グループ内での働きやすさがさらにアップしたようです。

第8章

柿の実幼稚園の大運動会

～障がいのある子もみんな走る、抜きつ抜かれつの感動リレー！～

参加者３０００人の大イベント

10月のカラッと晴れわたった空のもと、柿の実幼稚園では、毎年恒例の運動会を行ないます。地元でも有名な大運動会です。

園児だけでも１０００人。

園児の活躍する姿を見たくて、お父さんもお母さんも、おじいちゃんやおばあちゃんも応援に来たりするので、参加者は軽く３０００人くらいになってしまいます。

そんな広い会場はどこにもないので、運動会は2回に分けて行ないます。

よその幼稚園では、先生たちはテントのなかに座って、ぜんぶ保護者に手伝ってもらうというところもあるようですが、柿の実幼稚園では、裏方はすべて先生たちが担当します。

お父さんやお母さんには子どもたちの姿をゆっくり見てもらい、一緒に参加して、楽しんでほしいという思いからです。

２回やるので、先生たちは、自分のクラスが出る日は担任としての参加、出ない日は裏方スタッフとしての参加となります。

柿の実幼稚園の運動会は感動的です。だから先生たちも、担任クラスの競技では思わずもらい泣きする人もいます。しかしその先生も、裏方のスタッフとして参加する際は全体を見て、スムーズな運営に徹します。

こうしたオペレーションの工夫があるからこそ、「感動の嵐」を呼べるのでしょう。

毎日の子どもたちの保育を充実させるかたわら、先生たちは半年くらい前から、着々と準備を進めます。

その中心となるのが、運動会係を担当する先生たちです。

毎年７名の先生たちが、「運動会係」として運動会の中枢を担います。毎週集まっては、３０００人参加の大プロジェクト実現へ向けて一歩一歩、着実に準備を進めていくのです。

以前、運動会係の先生たちが、テレビのインタビューを受けたことがあります。

このときオンエアされた番組では、ある先生は、「なっちゃいましたね〜」と、決意半分、達観半分の微妙な答え。「誰かがやらなければならないなら、頑張って何とかやりとげよう！　どうせなら楽しく！」という決意がうかがえる半年前の段階です。

番組ではその後の準備の日々を追いかけ、前日の追い込みの様子や、当日の盛り上がりを伝えていました。

全体のテーマの相談から始まって、テーマにそった演目の企画、具体的な振り付けや小道具・衣装の製作などなど、着々と準備を進めます。

運動会係のリーダーになると、教職員１００人の中心となって、準備から当日の運営まで引っ張っていきます。

その姿は、「カッコイイ」のひとこと。

番組が流れた年のリーダーのKさんには、オンエア後に〝結婚の申し込み〟が殺到しました。保育時間中に「K先生はいますか」と電話がかかってきたこともたびたびで、「すいません、そういうお電話はおつなぎしていません」とお断わりすることもしょっちゅうでした。

番組の影響があったのかどうか、K先生はその後、ステキな男性とめでたくゴールインしました。

K先生は、柿の実幼稚園の卒園者で、根っからの「柿の実っ子」です。

とはいえ、K先生の幼稚園の同級生からは、5人も柿の実幼稚園に就職して先生になっていますから、「柿の実っ子」はたくさんいます。

K先生が園児だったころも、運動会は鳴り物入りでした。

園児時代の運動会のわくわくした想い出。いまの園児たちにも同じわくわく感を楽しんでほしい。

そう思うと、準備にも気合が入ったことでしょう。

何回見ても面白い！

運動会の準備は、「テーマ」を決めるところからスタートします。

柿の実幼稚園の運動会は、毎年異なるテーマを決めて、競技もそのテーマにそって趣向をこらします。

例えば、２０１０年のテーマは「日本ブラリ旅」。テレビの人気旅番組「ブラタモリ」と、日本全国を旅した水戸黄門をかけた設定です。小島さんは水戸黄門の扮装で杖をつきながら登場し、ヤンヤの喝采を浴びました。

２０１８年のテーマは、「世界ダーツの旅」でした。所ジョージさんの人気番組にあやかって、「柿の実オリジナル」の工夫をします。子どもたちがさまざまな世界の国の住民となって、その国を紹介するという、グローバルなテーマです。小島さんの被りものは、布でつくった地球儀でした。


毎年、どんなテーマの運動会にするかは、幼稚園のスタッフがみんなで、春から頭をひねって考えます。つまりその年の春から、もう運動会は始まっているのです。

まずは、各学年の先生たちがそれぞれ、「どんなテーマで運動会を展開したいか」を考えます。１学年が10ぐらいのテーマを出して、小島さんのところに候補を集めます。

小島さんは集まった30～40のテーマ候補を、３～４候補に絞ります。そのあと、運動会係と「いちばん面白い展開が考えられる、楽しめそうなテーマはどれだろう?」と相談し、最後は小島さんが、テーマと大まかな筋を決めます。

決まったテーマを、今度は逆に、各学年に降ろしていきます。各学年では、テーマにそった競技内容を考えて、それをまた運動会係にフィードバックし、運動会全体の構成を検討します。

こうして、テーマにそった運動会の演目と、その内容をつくりこんでいくのです。だから、同じ運動会は2度と見られません。一期一会なのです。

年少さんから通っても、年が変わるごとに異なる運動会が見られる。

毎回、「驚きとワクワクする楽しみが待っている!」大運動会です。

運動会は、小島さんと敦子さんの扮装から、踊りや体操の衣装、さまざまな競技に使う小道具など、すべて手づくりです。

実際に運動会に行ってみると、つくらなければならない小道具、大道具の種類と量に驚いてしまいます。

テーマを決め、試行錯誤しながら、年少さん、年中さん、年長さん、先生たち、父母会、合同でやる演目を決めて、それぞれの内容や手順を具体化し、プログラムとタイムテーブルをつくって、必要な大道具・小道具を検討し、それをつくる日程を考えて、誰がいつまでに何をやるか役割分担し、前日・当日にすべきことを確認し——気の遠くなるような仕事です。

これら一連のことを、運動会係の先生たちは、ふつうに仕事をしながら、こなしていかなければなりません。

だから曜日を決めて必ず集まるようにし、ご飯を食べながら打ち合わせをすることもあります。園から食費を出したり差し入れしたり、自分たちで食べたいものを買いに行ったり。

真剣だけれど楽しそうなところは、学校の体育祭や文化祭のノリのように見えます。

教職員全員のサポート体制で

この大運動会を支えるのは、運動会係の先生たちをはじめとする教職員100人。外部のイベント会社などの力は、全く借りていません。

大人数の運動会は、園庭では収容しきれないので、近くの「麻生水処理センター」を借りて開催します。

本番の2~3日前には先生たちが、そのグラウンドに下準備に行きます。「子どもたちがケガをしないように」危険物がないかを確認したり、石を拾ったりしに行くのです。

その様子は、「落としたコンタクトレンズでも探しているのかな?」と思うほど、広いグラウンドを、手でなでるようにチェックしていきます。

前日になると、いよいよ用具の搬入になります。

例年、園バス5台、小型トラックと乗用車それぞれ1台くらいの、大編成での運搬です。演技の小道具から、マイクなどの音響、進行係のボールペンまでの移送となりますが、最大の敵は「忘れ物」です。

チェックリストを作成して、入念に準備を進めます。

会場には、自家用車で来る保護者も大勢いるので、朝の交通整理や駐車場の誘導と大忙しです。

かつて、警備会社に交通整理や駐車場の誘導を頼んでみようかと考えて、見積もりを取ったことがあります。

「車が700~800台来るので、交通整理するだけでも10人以上必要」ということで、想像以上に高額な見積もりが出てきました。

警備会社をよく利用する企業や団体の人であれば、「まあ、そんなものかな」と思うかもしれません。でも小島さんにとっては、びっくりするほどの金額です。

結局、駐車場には教職員が朝早く来て、分担して誘導や交通整理をすることにしました。

子どもたちを含めて、大勢の人々でごったがえす会場です。安全には十二分に配慮しなければなりません。

園バスの運転手や教職員なら、園児の保護者の顔を知っているので、不審な人物が来たらわかります。保護者も園児も、顔見知りの教職員が誘導したほうが安心できるでしょう。

ハンディがある子ひとりひとりにスタッフがつく

運動会当日は、ハンディキャップがある子のお母さんも、普段の忙しさを忘れてゆったりできるそうです。

特別に送迎が必要な障がいがある子どもたちも、この日ばかりは丸1日参加なので、お迎えの時間に追われて焦る必要がありません。ゆっくり競技を観戦します。

障がいをもつ子、ハンディキャップを抱えている子も、ぜんぶの競技に参加します。事故が起こらないように、スタッフが1人ひとりに張りつき、それぞれの子のハンディの特徴を考えてサポートしながらプログラムを進めていくのです。

どのように子どもたちをサポートするかは、競技の内容構成を考えるときに、先生同士の話し合いで決めておきます。

○○ちゃんは細くて小柄だから、ピラミッドのてっぺんに乗ってもらおう。

△△ちゃんには、玉入れのときに、旗をピッと上げる係を担当してもらおう。

こんなふうに、ハンディがあるから逆に、目立つ役割を担当させて活躍してもらうこともあります。参加する子ぜんぶが、ひとりひとり活躍できる運動会。〝みんなが大切なひとり〟です。

クライマックスは年長さんの全員参加リレー

柿の実幼稚園の大運動会、クライマックスは、なんといっても年長さん全員参加のリレーです。

障がいがある子の走り方は、それぞれです。

車椅子で半周回って、そのあとは歩く子。

最初から少しずつ歩いて、頑張って1周歩く子。

誰かと手をつないで走る子。

半周だけ走ったら、次の友だちにバトンを渡す子。

どんなふうに走るかは、ひとりひとり、先生たちが考えて決めます。

すると、運動会のリレーなのに、3周半くらいの大差がつくこともあります。それをモノともせずに抜き返す、スタープレーヤーもいます。

次に何が起こるか、全く予測がつかない、ハラハラドキドキのリレーです。

最初は、どのクラスでも、こんなつぶやきがあるそうです。

「なんか、障がいのあるあの子がいるから、いくら頑張っても僕たちのクラスは優勝とかムリでしょ」というあきらめの思い。

幼い子どもたちにとっては、自分のクラスが昼間の世界のすべてです。障がいがある子と同じクラスになると、運動会の全員参加リレーは、「もう、ムリ」と思う子もいます。

ところが、自分のクラスだけでなく、隣のクラスにも、そのまた隣のクラスにも、障がいをもつ子が一緒に学んでいるのです。

だから先生たちは、子どもたちと話し合って、「もう、ムリ」と思う気持ちを、プラスのほうに盛り上げます。

「○○ちゃんの分まで、みんなで頑張ろうよ！」

「笛ピーって吹いてくれると、楽しいね」

「車椅子だって、テニスの選手もいるんだよ」

子どもたちは、障がいのあるお友だちの、いままで知らなかった「実力」や、かっこいいところ、一緒にやれることを先生たちに教わります。

一緒にやれるいろんなことがわかったら、あとは「みんなの力をひとつに合わせて、頑張っていこう！」しかありません。

リレーでは、勝つことのうれしさだけでなく、負ける悔しさも知ります。「子どもの体験のチャンス」がつまっているのがリレーなのです。

「燃える大運動会」に行ってみた！

２０１８（平成30）年10月６日の土曜日、柿の実幼稚園の運動会を見学に行ってみました。

晴れた日で、9月から少し気温は下がったようですが、まだ朝から強い日差しがかっと照りつけます。ときどき、突風が吹いてきます。

小田急線の柿生駅を降りて右に、線路伝いに歩いていくと、園児を連れたお母さん、お父さんをちらほら見かけます。

「柿の実の子たちかな」と思い、左折、右折をくりかえしてあとをついていくと、木立ちを超えたとたん、ぱっと視界が開けました。

開けた先に、麻生水処理センターに向かう曲がりくねった登りの坂道があり、たくさんの親子連れが歩いていきます。

道の両側の手すりに、子どもたちのたくさんの絵が飾られています。この日のために、ひとりひとりが描いた絵です。

坂道の上のほうには、「第57回うんどうかい」という文字が1文字ずつ、大きな布に書かれて揺れていました。

さらに坂道を行くと、登りきったあたりに、小島さんがにこにこ、にこにこと笑みを浮かべて、やってくる子どもたちひとりひとりに一声かけながら、握手をしている姿がありました。

坂を登りきると、「う・ん・ど・う・か・い」と看板のついた、大きくてカラフルな門があります。そこがグラウンドで、あちこちにいろいろな国の国旗がはためいていました。もう、園児と保護者でぎっしりです。

その年の運動会のテーマは「2018かきのみダーツの旅～世界まるごと一周！いってらっしゃい！～」。

園児たちがいろいろな国に旅をするかたちで、競技が進められていきます。

9時になると、千数百人はいるでしょう、グラウンドをぎっしりと囲んだ園児や父母、おじいちゃんやおばあちゃんの前に、ピエロのような衣装に地球儀の被りものをした小島さんと、天女のような衣装の敦子さんが登場。

開会式では、小島さんのご挨拶ののち、先生たちの太鼓演技やお母さんたちの応援ダンス、園児全員の体操があります。

先生たちの太鼓は迫力満点、お母さんたちのオープニングダンスは華やかで、みんなものすごく真剣な表情です。太鼓もダンスもそれぞれおそろいの衣装で、動きがピタッと決まっています。

時間がないなかをやりくりして、かなり練習を積んだのでしょう。

開会式のあとは、敦子さんが、やさしいけれどよく通る声で子どもたちに話しかけつつ、プログラムを進行していきます。

年少さんのかけっこ（ロシアの旅）、年中さんのおゆうぎ（ブラジルの旅）、未就園児のかけっこ（イギリスの旅）とプログラムは進み、園児たち、お母さん、お父さんの笑顔がはじけます。

お昼には、強風であおられて倒れては危険なのでテントを撤去、強い日差しにじりじりと照りつけられながら、でもみんな元気いっぱいです。

午後は卒園児の小学生のかけっこや、年長さん、年少さん、年中さんそれぞれの親子競技が続きます。


びっくりしたのは小島さんです。

大きな地球儀の被りものはいつのまにか外し、頭にちょこんと可愛い耳のついた「くまのプーさん」の衣装に替えて、とにかく走る、走る。

園児との競技で走り、お父さん、お母さんのリレーで走り。

暑いなか、顔だけ出した着ぐるみのまま走るのですから、汗びっしょりです。

「小島さん、大丈夫ですか⁉」と声をかけると、「いやぁ、暑いですよぉ〜」と、汗だくでにこにこしていました。

なぜプーさんのぬいぐるみかといえば、「園長は目立たなきゃいけない。ふつうの格好じゃダメ。子どもたちの憧れでなきゃ」というのが持論だからだそうです。

そうこうするうちに、いよいよ大詰めの、年長さんのクラス対抗リレーです。お母さんたちも盛り上げます。おそろいのTシャツで、チアリーダー顔負けのダンスで子どもたちを応援します。

スターターピストルが鳴って、いっせいに走りはじめました。

障がいがあっても走ったり歩けたりする子は、先生が一緒に走ったり歩いたり。歩けない子は、先生が車椅子を押して走ります。

ちゃんと走れないなりに一生懸命走っている子を、他の子がボンボン抜いていく。次の子がその分、負けまいとして頑張って走る。

大声援のなかでも時折、どっと歓声が上がったり、悲鳴のような声が聞こえたり。走るほうも応援するほうも、みんな必死です。

あまりにも抜きつ抜かれつなので、こちらにはどのクラスが勝っているのか、さっぱりわからなくなりました。

大勢なので、長い長いリレー競争。それでもやがて、一等、二等と、園児たちがテープを切っていきました。

間違いなく、圧巻のリレーでした。

その日の運動会は、2日間のうちの1日目です。残り半分の園児の運動会は、翌日に行なわれます。

小島さんも敦子さんも、また大奮闘なのでしょう。

私も子どもが小さいころ、保育園の運動会に参加しましたが、こんなに盛り上がる運動会は初めてのように思います。

閉会式で、園児たちは何回も何回も「ありがとう」を言います。

お父さんにありがとう。お母さんにありがとう。おじいちゃんにありがとう。おばあちゃんにありがとう。先生方にありがとう。お友だちにありがとう。

小島さんも、何回も何回も「ありがとう」を言います。

そんなふうにして、「柿の実幼稚園の大運動会」第1日目は終わりました。

陽がだいぶ西に傾いた午後4時半ごろ、柿生駅に向かう道すがら、やはり見学に来ていた他の幼稚園の先生と一緒になりました。

「うちは児童が100人くらいの園なんですよ。柿の実さんよりうんと小さいのに、柿の実さんのような一体感のある運動会、みんなで手をつなぎあってつくりだすイベントにはならないんです。園児の募集にも苦労しています。どうすればあんなふうになれるのか……」

先生がそう言うのを聞きながら、汚れた作業着姿の小島さんが、鉈を手にもち、スコップをかついで、うっそうとした薄暗い森に、たったひとりで入っていく後ろ姿を思い浮かべました。

最初に思いがあって、だけど思いだけではダメで、その思いを少しずつでも形にしていく、長い時間が必要なのだろうな——そんなふうに思いましたが、うまく言葉にできません。

強い日差しに1日さらされて顔がひりひりするのを感じながら、何だか高揚した気分が残ったことを覚えています。

エピローグ

●憧れの風景

２０１９（令和元）年10月から、幼児教育・保育の無償化が始まりました。

「幼児教育・保育は国がしっかり見てくれるようになったので、その上の小学生のことを考えました。教え子の様子を聞くと、学童の施設はまだまだ足りないようです。卒園して小学生になった子どもたちのためにも、家庭的な環境で、遊んだり勉強したりして親の帰りを待つ小さな施設があればいいな、と思って、このすぐ近くにいい物件が手に入ったので、学童施設をつくりました」

と小島さん。

この8月には、幼稚園の近くに「ママカフェ」もつくりました。お母さんたちが子どもを遊ばせながら、ちょっと息抜きしたり、雑談したりするカフェです。

飲み物や軽食も出ますが、材料はすべて柿の実で採れたもの。働いているのはみんな、保護者であるお母さんたちです。コーヒーを飲みに行ってみましたが、吹き抜けになっている、おしゃれなお店でした。

ほかにも、やりたいことは山ほどあります。

小島さんには、憧れの風景があるのです。

幼いころ、小学校教師をしていたお父さんが別の学校に転勤になったときは、叔父さんの家に預けられて幼児教育を受けました。幼稚園の同級生の子どもたちが遊びに来て、しょっちゅう泊まっていきました。

地域の子どもたちや大人たちと、毎日、温かい環境で過ごしました。豊かな自然のなかで、子どもも、大人も、お年寄りも助け合って生きていく。そんな世界が、小島さんの憧れです。

五島列島での暮らしが、やはり小島さんの原点なのです。

だから小島さんは、お年寄りも子どもたちもみんなが助け合う、そんな世界をつくるために、ご先祖様が残してくれた土地をもっと生かせないだろうか、と考えます。

単なる老人ホームではなく、お年寄りも子どもたちも学んだり体験したりできる、「老児園」という場をつくりたい。

農業法人もつくりたい。要支援の子どもたちが大人になれば、自分で働いて、自分で生活の糧を稼がなければならない。それには農業がいちばんいい。

農業のために、3カ所に計4000坪の土地を用意して、すでにダイコンやネギを栽培していますが、それでいいとは思っていません。小島さんがやりたいことは、いくらでも出てきます。


「君は夢みたいなことばっかり言って！」と、小島さんはお義父さんの一也さんにしょっちゅう叱られつづけました。けれどその夢は、かなりの確率で実現してきました。

走るのが大好きな小島さんが、どこまで走りつづけるのか、もうしばらく見ていたいと思います。


最後に、あるお母さんが、小島さんに寄せた手紙を紹介します。

あるお母さんからの手紙

いま高校一年生の長男、中学一年生の長女、小学三年生の次男が、全員柿の実幼稚園にお世話になりました。次男が今日、柿の実プールを卒業します。12年以上幼稚園に通えた母としては、胸にこみあげるものがあり、気を抜くと涙が出てしまいます。

わが子たちは3人とも健康で、聞き分けもよく、助けてくれる夫も祖父母もいるなかでの子育てでした。

恵まれている、弱音をはくような環境ではない、頑張れる、大変ではない、と自分に言い聞かせ、いつも気持ちは張りつめていました。

そんな張りつめた糸がピンと弾かれるように緩み、感情が溢れた瞬間が、幼稚園で何度もありました。用があり、初めてバスに乗せずに、直接長男を園に送っていった朝。人の少ない澄んだ空気のなか、先生たちが、ホウキをもって掃き掃除をしていました。知っている先生も知らない先生も、皆「おはようございます！」と私たち親子に笑顔で声をかけてくれました。

それだけなのですが、なぜだか涙が出て仕方ありませんでした。

長男の幼稚園を探していたときに、わたしは6カ所見学しました。柿の実幼稚園に即決したのは、どの先生も、すれちがうときに笑顔で挨拶をしてくれたからです。

母親にとって、大事なわが子を、安心安全な場所で笑顔で預かってもらえることがどんなにありがたいことか。改めて身に染みると同時に、「そうか。わたし疲れてるんだ」と気づかせてもらえた一瞬でした。

娘がクリスマス会でロウソクをもつ係になった日も、とても印象に残っています。赤ちゃんだった末っ子を抱っこしながら、暗くしたホールの2階から見た光景と元気な歌声に、その日も感動してたくさん泣いてしまいました。

人だけでなく、柿の実の自然にも助けられました。ある春の夕方、柿の実っこに預けた末っ子を迎えに行くと「裏山にいますよ」とのこと。仕事で疲れていたので、「え

～上まであがらないと行けないの～～」と、とぼとぼ山を登り、ふと顔を上げると桜が。一気に別世界に来たように見とれてしまいました。

絵本の世界や、夢のなかにいるような美しさに、疲れを忘れました。


そして運動会の年長さんのリレーがいちばん大好きでした。

大歓声のなか、全員が一生懸命ゴールを目指し、足の速い子は5人を抜かし、ゆっくり歩く子は5人に抜かれ。応援して応援されて。

最後に担任の先生や園長先生が伴走する姿も、それを見て涙を拭いている補助の先生たちも、何度見ても心が洗われました。

人と人を比べることの意味のなさを知り、「愛は出すもの、人は助け合うもの」ということがストンと心に収まる時間でした。


末っ子の卒園のとき、「この先、幼稚園なしでは子育てする自信がない……」と思い、週に1回プールに来られることが救いでした。園庭を見るだけで、友だち親子と会えるだけで、とても元気になりました。

でも2年以上たち、子どもはもう別の方を向いていて野球を習いたいと言います。ひとり黙々と素振りをする毎日です。わたしも心を決めて、プールと幼稚園を卒業しようと思いました。

もう園庭に来ることはないと思うと、寂しく、少し不安です。

でも先日、うれしいことがありました。わたしは東京にある児童養護施設で働いているのですが、3年目の若い保育士が、偶然、柿の実の卒園生だとわかったのです。彼女のお母さんは補助の先生もされていたとのこと。

「どおりで！」と思いました。大変な職場にも関わらず、彼女はいつも笑顔でまっすぐ一生懸命です。「だからこんなに良い子なんだ」と、納得でした。

また少し前にSNSで園長先生のコロナのインタビューの動画を拝見しました。多くのお母さんが、「幼稚園大好きだったから涙が出ちゃう」「胸がいっぱいになる」と書きこみ、あるお母さんは「わが子を柿の実に通わせられたことは、誇り」と書いていました。

全く同感です。わが家にある3つの心のダイヤモンドは宝物であり、私の自慢です。

子どもたちだけでなく、親のわたしまで温かく包んで、たくさん与えてくださって、本当にありがとうございました。これからもずっと、柿の実幼稚園を応援しています。

大変長くなってしまい失礼しました。皆さんの健康をお祈りします。

感謝を込めて。

（柿の実幼稚園ホームページより）

著者紹介

佐藤和夫（さとう・かずお）

1952 年北海道釧路市出身。慶應義塾大学文学部卒業後、出版社勤務。月刊誌編集長、社団法人事務局長などを経て出版社設立。2000 社を超える企業取材を通して組織人の在り方を洞察してきた。
現在、「人を大切にする経営学会」常任理事。「日本でいちばん大切にしたい会社」大賞審査委員。千葉商科大学特命教授。株式会社あさ出版代表取締役。著書に『神様がくれたピンクの靴』（あさ出版）などがある。

■柿の実幼稚園

1962 年、神奈川県川崎市麻生区に開園。1981 年に学校法人柿の実学園とする。2004 年、夢の森自然探検村開村。2007 年、夢の森幼稚園を設立。2019 年には柿の実自然探検村も開村した。柿の実学園には、他に 10 の保育園および学童保育がある。

一貫して全人教育、労作教育、環境教育、手づくり教育を基本方針とし、「他では受け入れてもらえない子を優先して入園してもらう」姿勢から、園児 1000 人のうち、約 300 名が障がい児や医療行為が必要な子どもたちとなっている。

園長の小島澄人さんは五島列島出身。クリスチャンの家で育ち神学校で学びながら慶應義塾大学哲学科を卒業後、高校教師を経て柿の実幼稚園に。広大な山林を開墾して子どもたちの学びの場とするなど、理想とする幼児教育の実現をめざしている。

みんな違《ちが》って、みんないい
なぜ柿《かき》の実幼稚園《みようちえん》に親《おや》がみんな入園《にゅうえん》させたがるのか　〈検印省略〉

2020年　9　月　26　日　第　1　刷発行

著　者――佐藤　和夫（さとう・かずお）
発行者――佐藤　和夫

発行所――株式会社あさ出版
〒171-0022　東京都豊島区南池袋 2-9-9 第一池袋ホワイトビル 6F
電　話　03（3983）3225（販売）
　　　　03（3983）3227（編集）
F A X　03（3983）3226
U R L　http://www.asa21.com/
E-mail　info@asa21.com
振　替　00160-1-720619

印刷・製本（株）シナノ

facebook　http://www.facebook.com/asapublishing
twitter　http://twitter.com/asapublishing

ISBN978-4-86667-235-9 C0030